戦国武将の精神分析

本郷和人
中野信子

宝島社新書

まえがき

歴史は暗記科目ではない、と本郷先生は訴える。私もその通りだと思う。

もちろんこの本を手にされるほどの方ならば、歴史を繙《ひもと》く楽しみを知っていることと拝察され、あれこれ知識も集め、思考を重ねていらっしゃるはず。せっかくの楽しみを無にするようなことはなさらないだろう。が、わざわざ暗記科目ではない、と先生が強調するからには、残念ながら歴史を暗記で終わらせてしまった人が多い、ということもまた一面の真実ではあろう。知が有機的につながっていくさまを感じるというのは、得難い喜びであるように思う。本書をひとたび手にした方には、その喜びを一片でも、周りの皆さんにも拡げていっていただけたら、と願う。

本郷先生の専門領域は日本の中世史である。けれども、先生の知識の広さ深さはその範囲に限定されることはなく、なにをお聞きしても正面に受け取りやすいように球を返してくださる。先生はごく自然に当たり前のようにそうされるので、周りの方に意識されることは少ないかもしれないが、意外とそう振る舞える人というのはいないものだ。

相手の力量や状態を見定めて、時にはあたたかく、時には毒を含みつつも柔らかに応対される先生のお姿を見るにつけ、やはりこれは生来思慮深さと知性とを先生が併せ持つことの証左であろうという感想を、お会いするごとに新たにした。そんな先生とやり取りさせていただいて、その内容をこうして書籍として結実させることができたというのは、ただただ素直に嬉しい。

歴史番組でご一緒した際にふと先生が口にされた一言を今でもよく思い出す。

本文でも触れたが、アメリカの大学教授を対象にした研究で、「自分が同僚よりも優れていると思うか」という問いに対し、実に94パーセントの教授たちが「Ｙｅｓ」と答えたという結果が得られた、という報告について私が言及したときのことだ。

先生は、ああ、じゃあ僕は6パーセントのほうだな、と、誰に言うともなくボソッとつぶやかれたのである。

なんと謙虚な、と驚きの気持ちを隠せなかった。ご存知の通り、先生は私のようなその辺の普通の教授ではなく、泣く子も黙る東京大学の現役の教授なのである。私ならずとも多くの人が、この言葉を非常に印象的であると受け止めるのではないだろうか。

私はつい癖で、目の前のこの人はどんな心理傾向を持っている人物なのか、観察し、考えようとしてしまう。本郷先生ご自身がどんな傾向をもった人物なのかをあれこれと考えることももちろん楽しかった。さらにその先生が豊かな知識と語彙で描出してくださる歴史上の人物たち、戦国武将たちについて、エピソードや生育歴から彼らの人物像を内面から再描画するというのは、いかにも心躍る試みだった。

歴史とは、すでに終了した行動学的、社会心理学的、認知科学的な、巧まずして為された各種実験データの堆積であると考えることができる。

データの真偽、偽のデータがあるとすればなぜそれが作られる必要があったのか、どのデータが残り、どのデータが消失したのか、消失したデータやそもそも残されていないデータはどのような仮説や物語によってそれを補完できるのか。史料を分析することが、人間そのものの生々しい姿を浮かび上がらせ、その持つ特有の性質のひとつひとつをあらわにしていく。その過程が面白いのである。

また好みによってはその道程をただ楽しむのみならず、そこから得られた知見を現在ないしは未来に活かしていこうという試みに喜びを見出す、という人もあろう。本書を読まれた皆さんが、この内容をどこかに活かしていただけたとすれば、望外の喜びである。

2018年3月　中野信子

第3章　女の選び方と異常性愛

第4章　名将に欠乏したもの

第1章　家族殺しという病

斎藤義龍

愛着障害による悲しき家族殺し

―― 生涯 ――

１５２７年６月10日、斎藤道三の嫡男として誕生。一度は家督も譲られたが、義龍の廃嫡を企てた父・道三と対立し、長良川の戦いで道三を討ち果たす。俗説によると母・深芳野は美濃守護の土岐頼芸の愛妾で、道三に下賜された時に頼芸との子を身ごもっていたという。これが父子の不和の要因となったという。１５６１年５月11日病死。享年35。

絶対的な「父権」に抗う

本郷　戦国武将の所業のなかでもセンセーショナルなものというと、兄弟殺し、子殺し、親殺しという家族殺しになります。なかでも、歴史研究者としてどうしても考えなければいけないのは、親殺しです。当時の父親は絶対的な存在で、「父権」というものは圧倒的な力でした。父権による家父長的な支配というものが非常に強い。だから、「父親には逆らわない」というのは当たり前のことで、それは儒学の親に孝行というのとはまた別次元の話なんです。

そして、それが一番明確に表れるのが所領の分配です。わかりやすく言うと相続ですね。当時の遺産相続は、親が絶対的に強いのです。自分の財産をどういう形で子どもに分け与えるのかは、親の意思が100パーセントでした。

中野　そこに異論をさしはさむことは不可能なんですね。

本郷　そうです。「悔返《くいかえ》し」という言葉がありまして、これはどういうことかというと、いったん親が息子に土地を与えたとします。その後、「やはりあれはなし」ということが言えてしまうのです。「やっぱりなしね」と言って、分け与えた土地を返してもらうことが認められているのです。

中野　「待った」ということですか。

本郷　そうです。「悔返し」がどういう時によく起こるかっていうと、妻との間にできた太郎が大きくなり、自分もいい年になったからと彼に遺産を相続させたとします。しかし、しばらくして妻が先に死んでしまい、老後が寂しくなってしまった。そこで、若い後妻をもらったら、その後妻との間に子どもができてしまった、という場合ですね。

中野　確かに、よくありそうな話ですね。

本郷　後妻として入った女性が、「私が生んだかわいい二郎に、あなたちょっとは遺産をあげてよ」と言いだした時、「わかった、わかった」という寝物語があったとします。

現代ですと、一度譲った財産を取り返すことは非常に困難なのですが、中世では「太郎、お前にやった財産を全部返せ」「俺は二郎のほうがかわいくなった。だから、お前にやった財産はすべて二郎に譲る」と言えてしまう。現代の感覚からすると非常に理不尽ですが、当時はありなんです。

中野　仕方のない時代だったのかもしれませんが——、やはり釈然としないものがあります。

本郷　それでも太郎は、なにも言えないのです。

中野　この時、太郎がなにか言おうとしたら、あとは暴力的な手段に出る以外にないということですか。

本郷　おっしゃる通りです。父親を毒殺するとか、そういうことになってしまう。仮に幕府に、「こんなひどいことはありません」と訴え出ても、幕府は対応してくれません。『御成敗式目《ごせいばいしきもく》』に書いてあるでしょ。それはオーケーだよ」と言って、それでおしまいです。

中野　せっかく訴えても、却下されてしまうのですね。

本郷　というくらい、父親の力は強かった。今回のテーマの斎藤義龍《さいとうよしたつ》の父親は「戦国三大梟雄《きょうゆう》」のひとりに数えられる斎藤道三《どうさん》です。一介の油売りから身を起こして大名となった立身出世の物語は、司馬遼太郎の『国盗り物語』でよく知られています。この物語は大河ドラマにもなっていますね。ちなみに、織田信長の正妻となった帰蝶(濃姫)は道三の娘で、義龍の妹です。

中野　義龍は、弟を殺害していますよね。

本郷　弟を殺害したうえに、父親の道三も殺しています。戦国時代は、「親もない子もない。兄弟も敵だ」みたいなことを言いますが、戦国広しといえど堂々と親を殺しているのはじつは義龍だけなのです。合戦という形では。義龍は義龍で兵を集め、道三は道三で兵を集めて美濃国《みののくに》の長良川で戦います。義龍は約1万7000の兵を集めるのですが、一方の道三はわずか2700しか集まりませんでした。

義龍は圧倒的な兵力差をもって、道三をなぶり殺しにします。その時の道三の殺され方が残忍なのです。耳を削がれるなど、身体中を斬り刻まれて殺されているのです。合戦後に斬首されたとかじゃなくて、戦場で惨殺されている。

中野　執拗ですね。

本郷　「父親を殺す」というのは、さて、精神医学的にはどうなのでしょうか。

中野　親殺しというのは、人間に独特といっていいものかもしれません。少なくとも動物では子殺しのほうが一般的ですね。

本郷　ええっ!?　やっぱりそうなんだ。確かに、戦国時代にも子殺しの事例は多くあります。でも親殺しはレアなんですね。

中野　霊長類ですと、子殺しはよく見られる行動です。一方で、親殺しとなるとあまりないようです。

本郷　霊長類ではめずらしいのですか。

中野　オス同士の戦い、というのはあるのですが、親だから殺すというのは見られないようです。家族の事情のような社会的な要素が原因で、それが動機となって殺すっていうのは、やはり特徴的な殺し方ですよね。義龍は道三から自分の子どもかどうかを疑われたりしませんでしたか。

本郷　後付けだと思いますが、そういった説もあります。義龍の母親は、道三が追放した元美濃国の主・土岐頼芸《ときよりのり》の側室だったのです。その側室を道三が奪ったわけですが、奪った時にはすでにお腹に子どもがいた。そして生まれたのが義龍だとされています。だから、「義龍は俺の子じゃない」と道三は言ったわけです。

それからこれはあまり知られていませんが、義龍はおもしろいことに父親を殺したあと、斎藤の苗字を捨てて母方の一色《いっしき》を名乗るのです。
さらに、自分が一色を名乗っただけではなく、4人の重臣に「お前たち苗字を捨てろ。今日から別の名を名乗れ」と言って、一色家の重臣にふさわしい一色家にゆかりのある名前、「延永《のぶなが》」「伊賀《いが》」「氏家《うじいえ》」「成吉《なりよし》」を名乗らせているのです。これはどうですか。やはりなにか病的な特徴、例えば**サイコパス**とかなのでしょうか。

中野　サイコパスは、診断名としては**反社会性パーソナリティ障害**になります。その特徴としては「外見が魅力的で、ナルシスティックである」「恐怖や不安を感じにくい」「人がためらうことを平然と行う」「他人に対して共感性が低い」などが挙げられます。確かに義龍は、精神が健康な状態とはいえないでしょう。ただ、この人はサイコパスといえる要素はあまりなさそうです。何というのでしょう、わざわざ――。

本郷　意味があってやっている。

中野　義龍の所業を見ていると「愛情の裏返しの殺人」という感じがしますね。
特徴的なのは、他人を家族として扱いたがっている点でしょうか。他人との関係を形成する時に必要なのが**愛着のスタイル**なのですが、この愛着に傷がついている人という人が存在します。普通の愛着のスタイルであれば適度な距離感で人とやりとりができます。ただ、回避的な人だと非常に冷たく遠い関係になる。義龍は、逆に近寄ってきた人を傷つける形で愛情を確認するというスタイルなのかもしれない。

本郷　近寄って、相手を傷つけて、それで愛情を確認するんですか。

中野　義龍のような人の子どもの頃の愛着のスタイルっていうのが、どんなものかといいますと、普通の子どもはお母さんがいなくなると泣いちゃいますよね？　でも帰ってくるとホッとして泣き止みます。だけども、義龍のように近寄った人を傷つけてしまう人の場合は、お母さんがいなくなると泣くのですが、お母さんが帰ってきてもさらに泣くのです。なぜかというと、「なんで俺にそういうことをしたんだ！」「自分をひとりにするな！」と母を責めてしまうのです。

本郷　そうなんですか!?　じつは僕の母親は教師でした。だから学校行事の引率などで1週間家を空けたりするんです。母親がいない時は普通にいい子にしているんですが、母親が帰ってきた途端にわんわん泣いたりしてたんですよ。

中野　おもしろい。それは帰ってきてうれしいのと、「なんで僕をひとりにしたの」という気持ちで泣いているんです。本郷先生はそうだったんですね。

本郷　これってなにかまずい行動ですか。

中野　いえいえ、それだけでまずいということはないですよ。先生は、母に対する責めたい気持ちをぐっと抑えて、学ぶという原動力に変えてこられたのかもしれませんね。愛着のスタイルが普通の人、つまり安定型の人っていうのは全体の6割くらい。そうでない人というのが4割ぐらいで、そのうちの半分が本郷先生タイプです。

本郷　僕は母親の愛に飢えていたのですね。「なんで俺をひとりにしたんだ！」ということだったんですね。

いびつに形成された「愛着のスタイル」

中野　本郷先生は、**オキシトシン**という脳の下垂体後葉《かすいたいこうよう》から分泌されるホルモンの受容体が多いのだと思います。オキシトシンは、おもしろい物質で、多くても少なくてもちょっと不思議な振る舞いをしてしまうのです。オキシトシンの受容体の少ない人は、他人に対して過剰に関心を抱いたり期待したりしません。すると、薄い人間関係を築くようになる。逆に、多すぎる人は相手に期待するところが大きくて、その期待が裏切られるとすごく悲しい気持ちになるのです。

本郷　オキシトシンの量は、家庭の経済状態なども影響したりしますか。

中野　相関はあるみたいですね。愛着のスタイルが安定型の人のほうが、社会経済的地位も比較的安定していると考えられています。

不安定な愛着のスタイルが生まれやすい要素というのはいくつかあり、ひとつは、養育者との距離に波のある場合です。もう少し具体的に言うと、親の都合のいい時にはかわいがるけれど、意に沿わないときには激しく罵ったりつらく当たったりするなど、**条件付きの愛情**で育てられているということです。都合の良い時は過剰なほど褒めるんですけれど、そうでない時は、「そんな子はうちの子じゃありません」と突き放したりする。

本郷　それは僕もよく言われました。「あなたは橋の下で拾ってきた子だ」みたいな言い方ですよね。ところで、義龍に話を戻すと、どうも道三は義龍をかわいがらなかったみたいなんです。その代わり、他の兄弟を溺愛していたようです。

中野　なぜですか？

本郷　その理由はよくわかっていないのですが、義龍は父親を殺す前に弟たちを殺します。

要するに父親から愛情を受けている人たちをまず殺しているんです。それから父親を殺します。

中野　結構湿っぽい人なんですね。

本郷　父親にしてみれば、太郎、二郎、三郎と3人の子どもがいた時、二郎と三郎はかわいいけど、「太郎はあまり好きじゃないな」というのは、人間だからあるとは思います。ただ、それをみんなの前で、あからさまにしてしまうっていうのは、どういう神経なんでしょう？

中野　道三は、どんな人だったんでしょうか。

本郷　平気で人を殺せる武将です。もう残忍という見方でいいと思いますが、農民とかも平気で殺す人です。

中野　道三はサイコパスだった可能性がありますね。すると、義龍のほうが「サイコパスのもとに生まれてしまった普通の子」といった関係だったのかもしれません。

本郷　その可能性があるわけですね。道三がサイコパスで、義龍自身はまっとうな人間。

中野　道三がサイコパスだとしたら、義龍は環境に恵まれなかったということになります。

本郷　義龍は非常に有能でした。義龍が目の黒いうちは、信長も美濃国には手を出せなかったくらいです。

中野 もしかすると、義龍が有能だったから道三は早いうちに芽を摘み、排除しようとしたのかもしれません。

本郷 そういうこともあるんですか。

中野 あるでしょう。自分の地位を狙う可能性のある者の筆頭にいる人物ですから。

本郷 確かに「自分よりも優秀じゃない人を後継者に据えておけば、いつまでも自分が権力者として力をふるえる」というのも合理的な理由ですよね。他になにか病的な理由付けはできないでしょうか？

中野 病的な理由を探そうとすれば、いくらでもできてしまうと思います。ただ、そういう前提で分析してしまうのはフェアではないとも思います。しかし、完全に合理的であるっていうことが健康的かというと、そうではないでしょう。

本郷 師匠と弟子の関係であれば、赤の他人同士だから有能な後継者を排除したいことがあってもおかしくはないと思うんですが、道三と義龍は親子です。普通の親子だと、親は「俺を超えていけ」ということになるのではないでしょうか。

中野 父子の関係というのは、自明ではありません。父親の場合は、遺伝的に我が子とのつながりに疑問があった場合には、わざわざ科学の力を借りなければいけなかったりします。

本郷　それはありますね。父親と息子はあります。

中野　ではどうやって、脳に父子の絆ができるのかというと、「一緒にいる時間の長さ」が重要なのです。母子の場合は出産という身体的経験によって、先ほどお話ししたオキシトシンが出るので、そこで母子の絆ができるのです。このオキシトシンは、別名**絆ホルモン**とも呼ばれています。

父子の絆は、身体的な経験を伴わないので「一緒にいる時間の長さ」「共有した経験の多さ」により、個体同士の絆、愛着が少しずつ醸成されていくものなのです。だからもう、父親と子どもは、ほぼ他人と一緒なんです。そこが、お父さんたちの悲しいといえば悲しいところですね。

本郷　例えばですが、自分が愛する女性に連れ子がいたとします。この連れ子と、ずっと一緒に暮らすと、血のつながった親子以上の愛情が生まれることもありうるんですか？

中野　ありえます。

本郷　それが逆に、悲惨な結果になることもあるわけですよね。

中野　もちろんそうなることもありますけど、動物でも一緒なのです。オスの実験動物を、同種の子どもの実験動物と同じ籠に入れます。そうすると、義父にあたる実験動物の脳内ではオキシトシンが増え、子どもの毛づくろいをしたり、面倒を見たりするようになり、やがて父親として行動するようになっていくんです。

本郷　なるほど。オキシトシンは大切なんですね。

中野　大切です。ですから、「育休」というのは、女性の身体を休めたり、育児に労力を配分するために必要ですが、お父さんがお父さんになるためにも必要なのです。本当は、お父さんのほうが育休をとらないといけません。お父さんにならないうちは、「ただのエサを持ってくるオス」ですから。

　この点、義龍が道三を「エサを持ってくるオス」というふうに思っていたのかどうかはわかりません。しかし義龍が、すごく愛情に飢えている、愛着に傷があり飢えているとしたら、その原因を弟たちに帰属させ、弟たちを亡き者にすれば「父親である道三の愛情が自身に戻ってくる」という悲しい期待をしていたのかもしれないですね。

本郷　そうなんですね。何だか最初から盛り下がってしまう重い話ですね。

中野　重いです、重いけれど、人間が「愛」と呼ぶものの本質が見えてくるようで、おもしろいですね。

伊達政宗

「潜在的自己評価」の低い希代のパフォーマー

―― 生涯 ――

１５６７年8月3日、伊達輝宗の嫡男として誕生。幼少期に天然痘で右目を失明する。摺上原の戦いに勝利して会津を支配するが、小田原征伐への参陣の遅れや一揆扇動が露見し会津を没収された。関ヶ原の戦いでも家康から「百万石のお墨付き」を得たが日和見を決め込んだため、わずかな加増に抑えられた。１６３６年5月24日、病死。享年70。

「顕在的自己評価」と「潜在的自己評価」

本郷　伊達《だて》政宗《まさむね》も父親を殺しているんです。

中野　政宗には弟がいますよね。

本郷　弟は父親を殺したあとで殺します。先に父親を殺しているのですが、ただ自分で直接殺したわけではないのです。ことの発端は、天正《てんしょう》13（１５８５）年に政宗が敵対していた畠山《はたけやま》（二本松《にほんまつ》）義継《よしつぐ》を降伏させたわけですね。降伏にあたって政宗は義継に厳しい条件を突きつけましたが、政宗の父である輝宗《てるむね》が両者を取り持って何とか妥結させた。そしたら、その義継が「どうも、こんにちは。この間許していただいた義継です」と言って輝宗のいた宮森城にやってきました。ところが、義継は輝宗を拉致して逃げ出してしまうのです。
　政宗はその知らせを聞き、「あの野郎、この間許してやったのに何てことしやがる」と追いかけ、阿武隈川《あぶくまがわ》の河畔で追いつきました。当然、「お前の父親を人質にしている！」と義継は言うのですが、政宗は「構うことないから、オヤジもろとも義継を撃ち殺せ」と部下に命じて、二人とも殺したわけです。

中野　壮絶ですね。

本郷　輝宗が「俺にかまうな」「俺もろとも撃て」と言ったとされていますが、それはおそらく後付けだと思います。政宗にしてみても、最初から父親を殺すつもりがあったわけではないでしょう。だけど、このような事態に追い込まれた時、躊躇《ちゅうちょ》したかどうかはわからないですが、「父親もろとも殺した」というのは、どういうふうに考えたらいいでしょうか。

中野　もう少しヒントが欲しいですね。

本郷　輝宗は政宗のことをすごく愛していたと思うのです。なぜかというと、輝宗は自分の息子に相当期待していました。才能を認めていたのです。だから政宗がまだ若いのに自分は隠居し、「あとはもうお前がやれ」という形で政宗に任せている。輝宗はそれが一番、伊達家のためになると考えたようです。一方、政宗のお母さんはというと、これは有名な話ですけど、「この子は暗い子だ」と、政宗への愛情が希薄という環境でした。

中野 弟だけをかわいがっていたんですね。

本郷 そうです。弟の小次郎だけをかわいがっていた。だから政宗が、自分に期待を寄せて、愛情を注いでくれた父親をあっさり殺せるものなのかという点についてはどう思われますか？　それからヒントをもうひとつ。政宗は片目が少し飛び出していたんですね。片目が醜く飛び出していて、そこに大きなコンプレックスを抱えていたようです。

中野 確か隠していたんですよね。

本郷 ええ、隠していました。ちなみにこんな有名なエピソードがあります。ある時、小十郎という名で知られる片倉景綱《かたくらかげつな》という政宗の守役が、「なんであなたは、そんなにいじけているんだ」と政宗に言いました。すると政宗は、「俺の顔が醜いから」と返事をしたといいます。そこで景綱が、「武士たるものそんな醜いとか言っていてはいけない。それだったら、出ているその片目をえぐり出してしまおう」と言い小刀で政宗の目をえぐり出した。この時、政宗が「痛い」と言ったら、景綱が「我慢しろ」と言ったという話が残されています。

人の上に立つ人間がいじけていては駄目だ、ということを政宗が学んだというエピソードなのですが、昭和49年に政宗の遺骨を調査したら、眼窩の損傷はなく目はあったそうです。じつはえぐり出してはない。だから、コンプレックスは生涯あったのではないか、とも言われているのですが、どうでしょうか。

中野　政宗の自己評価はかなり低そうですね。自己評価には、**顕在的自己評価**と**潜在的自己評価**の2種類があります。政宗の場合、家臣のために立派に振る舞わなければいけないので、顕在的には自己評価を高く振る舞う必要があると認識していたと思います。しかし、「本当にこれでいいのかな——」という思いが常に潜在的にはあった、という推測も成り立ちます。政宗が、対外的には自己評価が高いように振る舞っていたとしても、潜在的自己評価が低い可能性はあるのです。こういう人が集団のなかにいる時には、どう振る舞うかというと、集団を優先して自分を殺す。要するに「家を優先して自分は汚れ役になる」ということを行う。

本郷　政宗は、案外そういう人だった可能性もあるんですね。汚れ役は、どう考えてもないですけど。ただ、政宗は周囲からの評価がとても高い人ですよね。中野先生が言われているような、そういう演出、「外見的に自己評価を高く振る舞う」ことで、みんなが騙されているのかもしれないですかね。

中野　それが成功しているんだとしたら、かなり意識的にそういうことのできる、頭のいい人だったと思います。潜在的自己評価は計りにくいものです。現代ですと、潜在的自己評価を測定する方法としては、自分にまつわる属性のものを評価付けしてもらい、自分と関係ないものの平均値と比較して検証します。例えば自分を表すイニシャル、氏名の漢字、自身の誕生日の数字に対して平均よりも低い評価を与えると、「潜在的自己評価が低い可能性がある」と診断されます。

政宗は戦国時代の2ちゃんねらー？

本郷　2代将軍の秀忠《ひでただ》は、どうもマッチョ好きのようで、戦国の遺風というか、戦国のやり方みたいなものを体現できる人を集めて「昔の武将はこんなだった」という話を聞くのが好きだったようです。この秀忠に話をするお伽衆《とぎしゅう》のなかには、政宗の姿もありました。他にも、立花宗茂《たちばなむねしげ》とか丹羽長重《にわながしげ》もいるのですが、秀忠はとくに政宗を気に入っていたようですね。

さらに、3代将軍・家光《いえみつ》も、「仙台の爺、仙台の爺」と政宗になついていて、政宗から「戦国はこうだったんですよ」という話を聞くのを、楽しみにしていたそうです。

中野　政宗は、そういう演出にはすごく優れています。

本郷　プレゼン上手なんですね。

中野　プレゼンは上手です。家光を家に招いた時には、家光が大好きなきれいどころの男の子（若衆）をずらっとそろえて家光の歓心を買う。非常にパフォーマンスがうまい。

本郷　なんだか、シリコンバレーのビジネスマンみたいですね。

中野　ところが、どうも調べていくと政宗には二面性があって、「政宗って、肝心の戦がそんなにうまくないぞ」という話になってしまいます。政宗は、秀忠や家光に「私はこんなに頑張ってきたのです」と言いますが、スカッと勝ったことは1回しかないんです。天正17年に蘆名義広《あしなよしひろ》と戦った摺上原《すりあげはら》の戦いの1回だけですね。それも、「天候が味方してくれたから勝ったんじゃないか」と言われている始末です。

本郷　たまたまなんですね。

本郷　あとは本当にもう負け続きなんですよ。だけど、この摺上原の戦いの勝利で、当時の奥州の中心である会津《あいづ》を手に入れて、政宗は「奥州の覇者」になります。しかし、慶長《けいちょう》5（1600）年の関ヶ原の戦いの時には徳川家康《とくがわいえやす》から、「頑張って戦ってくれたら、君に百万石やるよ」との言質を取っているのにもかかわらず、ほとんど働きません。すると家康にすれば「お前なにやってんの？」となりますよね。

戦後、政宗に対しては4万石が加増され、58万石から62万石になりました。しかし、百万石のお墨付きは夢と消えてしまった。でも、仙台市の博物館には「百万石あげるよ」という家康のお墨付きが恨みがましいというか、大事に展示してあるんですよ。

中野　現代の一般大衆には、政宗のイメージとして、〝戦が上手でない〟というのはありませんよね。政宗のイメージ戦略がどれほど巧みだったか、ということかもしれませんね。

本郷　だからイメージ戦略はうまいんですよ。でも、その中身がともなってないんですよね。

中野　まさに伊達男。

本郷　あっ、本当だ！　関ヶ原の戦い以前にも小田原征伐に遅参して、豊臣秀吉《とよとみひでよし》に謝罪する時も死に装束を着て現れるというイメージ戦略で許してもらっています。そんな手のこんだやり方で秀吉に許しを請うのですが、「せっかく許してもらったし心機一転出直そう！」とはならない。百万石以上あった領地を本領の72万石（本拠は米沢）に削られると、いじいじとうしろから隣国の一揆を扇動してちょっかいをかけたりするんですね。するとまた、秀吉に、「お前、なにやってんの？」って言われて左遷され、結局72万石の石高がその時は58万石（本拠は岩出山）まで減りました。自分が生まれた米沢も取られてしまいます。

中野　これはやはり自己評価があまり高くない人に典型的に見られる行動だと思います。直接、真正面からぶつかっていくのではなく、匿名性が高い手段を使って相手にダメージを与えようとする。現代に置き換えると、2ちゃんねるやツイッターになにか誹謗中傷を書き込んだりするのですが、匿名だからと高を括っていたら正体がバレてしまって〝炎上〟したりする。

本郷　ネットに、「俺ってすげえぜ」と匿名で自慢はするけど、正面切っての議論はできない。そういう男なんですね。

中野　そういう男だったかもしれないことを示唆する側面はもう一つあって、伊達家に縁の深い仙台の瑞巌寺《ずいがんじ》とか大崎八幡宮などへ行ってみるとわかりますが、本当に見事で、圧倒的にきらびやかです。大きなコストをかけてでも、そういうふうに装う必要がある心理状態だった、これほどまでに格好をつけたい何らかの切実な理由があった、ということなのではないでしょうか。

政宗がこういう人だったと考えると、父親を殺さなければならない理由っていうのは、自分の意思というよりは伊達家であったり、集団のため、「自分が今やるべきことはこれだ」と判断した結果なのかもしれないとも思います。

本郷 それは**サイコパス**までいくようなものじゃなくて、普通の精神的な働きですね。

中野 かなり自己犠牲的な判断ですよね。

本郷 そういう理解ができるんですね。だけど、二面性みたいなものは感じませんか。

中野 そうですね。こういった行動を演出して自己犠牲的に見せていくことが「パフォーマンスとしてきわめて有効」ということを意識はしていたかもしれないな、とは思います。

本郷 チンピラがきらびやかな格好で自分をより大きく見せるとか、今なら高級外車を乗り回して虚勢を張るっていう感じでしょうか。でもガチの喧嘩には弱い。

中野　喧嘩は弱いけれど、虚勢を張るのが有効だってことは知っているんですね。
本郷　頭はいいんですね。だけど自己評価は低い。
中野　自分が主導的に何かを執り行うことへの潜在的な自信のなさがあるとすれば、やはり政宗の父殺しは、「父を殺したい」というより「家を守りたい」という意思だったのではないでしょうか。
本郷　そうだったんですね。阿武隈川の河畔で、「オヤジを撃て」との命令は、むしろ伊達家のため。父親と伊達家を天秤にかけたという、そういう精神分析ができるんですね。
中野　小次郎を殺すのも、同じだと思います。あと、自分の父親を家臣たちに殺させるというのも、自分が手を下すことを避けたいという以上に、もしかしたら無意識に家臣への心理効果を狙った可能性がありますね。
どういうことかと言いますと、人は自分が望んでいないことを命令された時、それに対してインセンティブが少なければ少ないほど「自分は望んでこの人のためにこれをやったんだ」っていう気持ちが強まるという心理効果が表れます。これを**認知的不協和**というのですが、それを狙っていた可能性もあります。もし本当にそれができるような人だったら、政宗は本当に頭のいい人だと思います。

本郷　要するに、「お前たちの主は、今や輝宗ではなくて俺だぞ」「俺の言うことを聞け」ということですね。

中野　そう。家臣にそれをわからせ、心を摑むために汚れ役をやらせるんです。

本郷　今でもそういうことをやる人がいるかもしれないですね。「前の社長を追い落とせ」とか、いかにもありそうですね。でもそれが自然にできるとなると、やはり演出能力は高いんでしょうね。でもやるぞやるぞと言いながら、何もやり遂げずに、一生が終わってしまった。

中野　パフォーマーで終わってしまった。生まれた時期が悪かったのかもしれませんが、頭のいい男性ではあるのに、ちょっともったいない感じもしますね。

本郷　すごいな。そういうことか。パフォーマー政宗っていうのは、ただ、やることなすこと本当に中途半端で、支倉常長《はせくらつねなが》をヨーロッパに出すけど、常長が帰国したら、「いや、もう君が一生懸命頑張ったのは何の役にも立たなかったよ」といった具合です。常長はその後、ほとんど評価されない。それから、「戦いで俺は強いぜ」と言っても、本当はたいしたことないとか、そういう感じの人ですよね。

中野　あと、ここは本郷先生にうかがいたいのですが、政宗は下から上がってくる才能のある人を怖がったりしてないですか。

本郷　それはあまり聞いたことはないですね。ただ、なにか人間的に問題があったらしくて、政宗の右腕は先ほどお話しした片倉景綱なんですけど、左腕といわれた伊達成実《だてしげざね》は一時出奔しています。ところが、成実が戻ってくると「じゃあもう1回一緒にやろうぜ」って言う人なんですね。

中野　受け入れてしまうんですね。これがすごく自信のある人だったら「それは許しません」と一時的にでも言い渡し、リーダーとして取らなければならない懲罰的な処置を仮にでも加えて、集団全体に「離脱は許さない」というメッセージをアピールしそうなものですけれど。

徳川家康①

家康のペルソナが現代日本の源流

―― 生涯 ――

1542年12月26日、松平広忠の嫡男として誕生。幼少の頃から人質に出され、織田家、今川家で暮らす。桶狭間で今川義元が討ち死にすると、岡崎城を奪還。織田信長と清洲同盟を結び、信長の死後は秀吉に従う。関ヶ原の戦いに勝利して征夷大将軍となり幕府を開いた。大坂夏の陣で豊臣氏を滅ぼした翌年の1616年4月17日病死。享年75。

家臣すら信用しない「回避的愛着」

本郷　じつは徳川家康って、案外残忍なところがあったりもするんです。

中野　事情があったとはいえ、息子の信康も殺していますよね。

本郷　家康の人生の問題点はなんでしょう。

中野　家康の子どもで、虐待された人はいませんでしたか。

本郷　二男の結城秀康《ゆうきひでやす》です。家康がなかなか自分の子だと認めてあげなかった。

中野　なるほど。その理由も含めて家康の実像は見えにくいというか、有名な「しかみ像」だって本当にあったことなのかどうか。

本郷　しかみ像は違う人らしいですね。じつは、秀吉だったという説が出ています。

中野　え、そうなんですか？　秀吉ですか。

本郷　家康は、やはり石橋を叩いて渡らない人ですね。叩いて、叩いて、結局渡らない。で、たまに渡る時もある。

中野　無茶な勝負はしないというイメージがありますよね。勝負をする時は、それこそ本当に、外堀を埋めてからという印象です。

本郷　だから、家康は汚い手を平気で使うみたいなところはあります。

中野　そうですね、そしてこういう人が成功する日本という国がある。今もそういう国なんだろうなと思います。この人が、今の日本人の〝元祖〟というか、この人の人格がある種の理想形として、現在の日本人の原型を形作っているようなところがあるように思います。

本郷　そこがすごくおもしろいところでもあります。そういえば家康には、すごいエピソード、優れたエピソードが意外にない。それから、変わったエピソードとかもない。だから、「人の一生は重荷を負て遠き道をゆくが如し」みたいな、そういうなにかつまらないことを言うわけですよね。

中野　語弊があるかもしれませんが、相田みつをさんの詩みたいですね。

本郷　そう。飲み屋とかでも隣の女の子に、「人生とは〜」なんて言いながら説教するタイプの老人ですね。

中野　それでいて実際には、家康は自分の内面を見せなかった人ですよね。慎重というのも家康自身が、人を信用しない人だったということが理由の一端としてあるんだろうと思います。

本郷　多分、家康は三河武士団さえも信用していないと思います。これは名古屋で友人と話していた時に話題になったのですが、永禄《えいろく》3（1560）年の桶狭間《おけはざま》の戦いのあとで、「今川の軛《くびき》がなくなったから、岡崎に帰ろう」と言って家康が岡崎に帰った時、すぐに岡崎城に入らないんです。家康は岡崎城に入らないで、なぜか近くの大樹寺に行くんです。ちなみにこの大樹寺は国宝の多宝塔がある、松平家の菩提寺です。

家康はなぜ岡崎城に入らないか——。「岡崎城に入るのが嫌だった」とか、「岡崎城に警戒心があったのではないか」との推論から導き出されるのは、「三河武士団のことを全然信用していなかったんじゃないか」という結論です。家康が育った場所は、「織田家の人質時代の名古屋」と「今川家の人質時代の駿府《すんぷ》」。どちらも今でいう都会的な場所なんです。家康はそんな場所で育ったから、三河武士団のような〝ヒャッハー〟

という連中を理解できなかったんじゃないかと思ったんです。

中野　例としてどうかなとは思いますが、漫画『北斗の拳』のモヒカンみたいですもんね。

本郷　そう、三河武士団はいってみればモヒカンみたいな人たちでしょ。だってもう、常に「首をいくつ狩った」みたいな感じですから。普段は農作業を行っていて、農作業の合間に合戦に行く。そして戦いの場に出て人を殺してくるわけです。とてもじゃないけど都会育ちの家康には、三河武士団の思考は理解できないでしょう。それは、司馬遼太郎も言っていますよね。司馬遼太郎は『覇王の家』という小説で、「家康はともかく三河武士団っていうものを重荷に思っていて、しがらみの中でずっと生きていた」と書いています。

中野　三河武士団が「重たい」っていう表現はおもしろいですね。

本郷　要するに、家来と主君の間に信頼関係がなかったんです。

中野　先ほども触れた**愛着**の話に戻ってしまうのですが、寂しくて自分を愛してほしいので泣き喚いてでも相手を振り向かせ、しがみつこうとする。それがかなわないと相手を攻撃する、という傾向がある人の話をしました。

だけど、それとは逆の傾向をもつ人がいます。**回避的**という言い方をします。回避的な人は、誰のことも信用しないんです。お母さんがいなくなっても泣かないし、お母さんが帰って来ても知らんふりをしている。人見知りもしない。誰が来ても平穏でいるんです。だから一見、手のかからない、いい子なんですよね。こういう性格の子が、どういう場合に育つかというと、養育者が頻繁に変わるなど、いっぱいいる環境で育つ時なんです。

「おばあちゃんにも、かわいがられた」「お母さんにも、かわいがられた」という人で一見多くの愛情を受けているように思えますが、特定の人との強い結びつきがない場合です。つまり、「特定の人と情緒的な絆は作らない」という条件が整った時に、回避的な傾向の人が育つようなのです。

家康は人質に出されたりして、養育者がいっぱい変わっていますよね。そういう条件のもとで育つ子どもは、知能は高くなるんですけども、誰も信用しない子に育つ。

本郷 まさに家康ですね。小さい時にお母さんと引き離されて、家康は育つわけです。誰に育てられたかはわからないんですけど、駿府時代は母方のおばあちゃんが面倒をみてくれている。

中野 なるほど。育ての親の名前が残らないほど、養育者が変わっていたのかもしれない。

本郷　しかも、今川家に人質に出される途中で、売られて織田家に行くわけです。織田家に行っても、当然養育者なんていないでしょうから。それから、最後は駿府に人質に行くわけです。だから本当に、幼少期の家康を愛してくれた人は、いなかったんでしょうね。

中野　もしかすると家康には愛した人も、本当にはいなかったのかもしれない。誰か特別な養育者と情緒的な絆を作るはずの**愛着の形成期**に、その人と引き離されると愛着に傷がつくんです。愛着に傷がつくっていうのは脳が負担と痛みを感じるようなもの、と思っていただければよいと思います。すると、「こんなに痛みを感じるんだったら、誰とも愛着を築かないようにしよう」という学習をすることになります。その結果、**絆ホルモン**を脳内に取り込む**オキシトシンレセプター**があまり生えなくなってしまう。だから誰ともそんなに深い関係にはならないのです。

その傾向は、9割方大人になっても保存されると考えられていて、そういった人は、他人に対してほどほどの間柄でのお付き合いは続く。けれど、そこから先は深くは付き合わない。

本郷　家康と三河武士団っていうのは、まさしくそれかもしれないですね。三河武士団は、

「俺達の殿」といった感じで、やたらめったらに暑苦しい感情をぶつけてくるんです。でも家康からすると、「あ、はい、結構です」みたいな感じですかね。

長い人質時代に作られたペルソナ

中野　相手が自分のためになにかしてくれるという時は、家康も甘んじて受けるでしょうけど、困ったことを持ちこまれた時、家康はどういった反応をしたのでしょうか？　それが利用できる相手だったら、戦国武将としてはなにか手立てを打つでしょうけど、なんのインセンティブもない相手だとしたらどうですか。

本郷　インセンティブがない場合ですか。

中野　それでもかわいそうだと思ってなにかしてあげたのか、面倒だから恨みを買わないように穏便に処理する。ふつうは頼られればある程度は意気に感じてうれしいものだと思いますが、そうではなくむしろ怒りを覚え、「なんで俺にこんな面倒を持ちこんだ」などと言った記録があるんだとしたら、非常に**回避的な傾向**が強いといっても差し支えないんです。小早川秀秋《こばやかわひであき》や細川忠興《ほそかわただおき》を助けたりしているのは、利用できると思って助けただけなのかどうか。

本郷　関ヶ原の戦い前後になると、家康は政治的に動いていますよね。

中野　関ヶ原の戦い以前のことは、あまりわからないのですか。

本郷　その前のところではナンバー2の石川数正《いしかわかずまさ》とか、自分を裏切って豊臣秀吉のもとにいく。

中野　そうでしたね。

本郷　だからといって、豊臣に代わって天下人になった時に「てめえ、このやろう」とか、そういうことはないですよね。

中野　裏切られてもあんまり痛くない。それは、もともと織り込み済みだったからかもしれません。

本郷　だから、10万石の石川家の領地を削ろうとかしないですね。それと、信長の命で長男の松平信康《まつだいらのぶやす》を切腹させられていますが、だからといって信長を深く恨んでいる様子もないですね。

中野　結構淡泊に感じていたのかもしれませんね。回避的傾向の人はすごく淡泊なんです。

本郷　息子のことを思えば、よくそれで信長との同盟がもつなあと思います。

中野　でも、同盟はそのほうがもちますよ。

本郷　家康は淡泊な人間だったから、痛くもないいんですかね。

中野　裏切られてもそんなにダメージが大きくない。「もともと人間は裏切るものだ」と思って育ってきている。だからこその徳川幕府260年なのかもしれないです。

本郷　そうですね。そういえば、家康が天正《てんしょう》9（1581）年に武田の領地に侵攻して高《たか》天神城《てんじんじょう》を攻め落とした時に、孕石元泰《はらみいしもとやす》という武将だけは腹を切らせるんです。なぜかというと、今川の人質時代に元泰にいじめられていたからなんですね。

中野　覚えているんですね。

本郷　そう、覚えているみたいです。ただ、一緒に人質の境遇にあった北条氏規《ほうじょううじのり》は、1万石か2万石ですけど、大名として取り立てている。それから、家康をさんざんいじめたであろう、今川氏真《いまがわうじざね》。氏真には500石くらいの捨扶持《すてぶち》を与えて面倒を見ますよね。そういう昔のよしみみたいなものは、大切にしていますね。

中野　なるほど。昔のよしみか。今回の分析にあたって全般にいえることですが、武将の振る舞い、「その時、こういう行動を取った」というのが、どういう**認知プロセス**の帰結なのかということを考えるわけです。

物事を認知するプロセスは、おおまかに言うと**ボトムアップ処理**と**トップダウン処理**の2種類があります。衝動をコントロールしようとしてもできず、無意識にそうしてしまうというのがボトムアップ。トップダウンは、「こうすべきだ。こうしなくてはならない」という意思をもって、そうするというものです。家康の行動が、どちらだったのかを判別するのは、やや難しいですね。

本郷　例えば10個の案件で、「彼はこういう行動をした」という事実があったとします。そのうちの7つの行動が共通していて「彼はこういう思考だったんじゃないか」といっても、残り3個がそれにはあてはまらない場合、その証拠をどこまで信じるのかということですよね。だから家康がどういうふうに動いたか、信長がどういうふうに動いたか。そこのところをきっちり見ていかないと、厳密な分析を行うのはなかなか難しい話ですね。でも解釈のひとつの可能性としてはおもしろいんです。

中野　そうですね。「こういうことが示唆される行動です」というのは言えるかもしれない、といったところでしょうか。ただ、家康はすごくトップダウン的な感じがするんです。慎重で、誰も信じない。自分自身のことさえも信じていないのかもしれない。抑え難い激情や湧き上がるインスピレーションによって動くわけではなさそうです。信康を殺してしまうあたりとか、止むなく政治的な動機のなかで行動する。

本郷 家康は、トップダウン的に動くことができる人。

中野 そうですね。極めて抑制的で、衝動的に行動するということがないのでしょう。

本郷 中野先生のおっしゃることはわかるような気がします。僕なんかも、息子を愛するってことは完全な感情ではなくて、どこかで「父親とはこうあるべきだ」と思っていて、そう振る舞っているというところがあります。家康も同じで、「父親とはこうあるべきだ」とか、「人の上に立つ者はこういう振る舞いをすべきだ」ということなど、自分の感情を拘束できる人なのかもしれないですね。

中野 家康は、**ペルソナ**（社会的、表面的な人格）のようなものを意図的に「作っている」ように思います。それは、人質時代が長かったことと無縁ではないでしょう。

だから女性の趣味、熟女が好きだったというのも、本当に好きだったわけではなくて、「こういう女性と子どもを作るべきだ」という考えからそういう人を選んでいたのかもしれない。けれど、晩年はそうではなくなる。

本郷 若い子ばっかり集めますからね。本性が出ちゃったんです。だから「律義者」というのがまさに家康のペルソナなんですね。「織田と同盟を組むことは、徳川にとって圧倒的に有利である」と言いつつ、「本当は信長なんて好きじゃないけど、全力で付き合うしかない」といったとこなんでしょうね。

中野　そう考えてみるとおもしろいですね。信長のことはそんなに好きではなかった。だけど、この人についていかないと命が危ない。

本郷　そうですね。僕は、コメンテーターもどきの仕事もしていますが、トランプ大統領と安倍首相の関係を「織田と徳川の清洲同盟に近いんじゃないか」ってことを言ったことがあるんです。要するに「超大国アメリカ＝織田」という、まあ安倍さんにしてみれば、ついていくしかないですよ。

中野　すると、「今川家＝中国」といったところですね（笑）。

本郷　安倍さんは日本のために、〝ポチ〟をやるしかないと思っているのかもしれない。

中野　使い勝手の良い手下として振る舞う、おもてなしをする以外にないくらい、他に選択肢がないということなのかもしれない。

本郷　防衛予算などの費用対効果を考えたら、ポチをやるしかないですね。すると、安倍さんには家康みたいなところがあるんでしょうか。

中野　「毛利家が江戸幕府」みたいで、変な感じがしますけどね。

本郷　安倍さんは長州ですけど、日本はそういう国なので徳川をやるしかないんですよ。

中野　ああいう戦略で生き延びるのが、この国では最善だってことを家康は示しています。抑制的に生きて、常に慎重で。

本郷　家康は、約束を守る人だった。だから、日本も約束を守る国だという信頼度をあげていくしかない。

中野　そこをアピールするような戦略。

本郷　ですね。そうか、それも全部ペルソナだとすると、家康はやはり頑張ったんですね。

中野　忍耐力は本当にあった人なんだと思います。

本郷　忍耐力はね。本当はロリコンだったり、〝寝取られ〟だったりするんですけどね。その話はまたあとで。

執念深さを測る「最後通牒ゲーム」

中野　本郷先生は、家康の六男の松平忠輝《まつだいらただてる》についてはどう思いますか。家康がすごく嫌っていたという。

本郷　それこそ『徳川家康』という、山岡荘八の26巻本の最後のところですね。家康が、自分の身近に仕えていた松平忠輝の生母に、「俺だって子どもはかわいいんだ。だけどしょうがないんだ」というようなことを言って死んでいくんです。実際はどうなんでしょうか。本当に嫌いだったのかもしれないですけど。

中野　切腹させた長男の信康に顔が似ているから嫌いなのか、自分のトラウマを思い出させるから嫌いなのか、どうなんでしょうね。信康を思い出すから嫌っていたということでしたら、家康という人は、本当に自分をずっと抑えて、最後にちょっとだけ本音を出した一生なのかなと思ってしまいます。

本郷　「信康事件」のことで付け加えると、筆頭家老の酒井《さかい》忠次《ただつぐ》は、事件の際に織田に対して信康を全然擁護しなかった。でも、家康は忠次に対してすぐには「この野郎！」とは言えないんです。忠次は三河武士団のトップですから。だから、「よくやってくれた」としか言えない。

中野　泣けてくる話ですね。

本郷　だけど、関東に移封した1590年頃。もうすでに忠次は隠居していて、忠次の息子の家次《いえつぐ》は4万石しかもらえないんです。他の徳川四天王の3人は、本多《ほんだ》忠勝《ただかつ》10万石、榊原康政《さかきばらやすまさ》も10万石、井伊直政《いいなおまさ》は12万石をもらっている。この時、「殿、私の息子、ちょっと少なすぎるんじゃないですか」と忠次が言ったら、「お前でも子どもはかわいいのか」と言ったといいます。

中野 有名なセリフですね。

本郷 そう考えると、家康はやはりずっと我慢していたんでしょうね。

中野 ずっと我慢の一生のように見えます。

本郷 結局、家康の目が黒いうちは、酒井家の石高はほとんど変わらなかった。ですが、家康が死んだ途端に羽振りが良くなって、最終的には出羽庄内《しょうない》に14万石の領地をもらっています。だから家康は、執念深いところはあるんですね。

中野 そういうふうにしてしか、自分の意思を表現できなかったんでしょうか。

本郷 ちなみに、執念深さは科学的に解明できたりするんでしょうか。

中野 **最後通牒ゲーム**という方法を使えばできます。この最後通牒ゲームというのがなにかというと、例えば金のインゴットが10本あるとしましょう。そして、私に分配権があります。一方、本郷先生には拒否権があるとします。私が金のインゴットを分配し、その分配率に異論があれば拒否権を発動してください。でも、拒否権を発動すると、お互いに1本ももらえなくなってしまいます。この時、「私が9本もらって、本郷先生は1本でいいですよね」と言ったら、ちょっとムッとする気持ちが生じますよね。

本郷　あっ、でも僕、中野先生だったら全然いいです（笑）。

中野　（笑）。通常これをすると、6対4くらいまでなら我慢できるんです。

本郷　そうか、我慢さえすれば、とりあえず4本はもらえるわけですね。

中野　これは我慢の値段なんです。このような不合理な提案をされた時、「拒否権を発動するかしないか」を計るわけです。すると、拒否権を発動しやすい人とそうでない人がわかります。中脳の背側縫線核《はいそくほうせんかく》では**セロトニン**という神経伝達物質が分泌されています。これが十分にあると、安心感を覚え、やる気も出ます。このセロトニンの量を調節しているのが、**セロトニントランスポーター**というたんぱく質です。神経線維の末端から出たセロトニンを再び細胞内に取り込む役割を担っています。この数が多いと、セロトニンをたくさん使い回せるので、気持ちが安定し、安心感が持てます。逆に少ないと不安傾向が高まります。拒否権を発動しやすい人がどういう人かというと、その部分のセロトニントランスポーターが少ないということがわかっているんです。

この時、拒否権を発動しやすい人たちが、実際にはどういう性格傾向かを調べると、

「一見攻撃性が高い人たちじゃないか」と考えてしまいますよね？　拒否権を発動する人ですから。ところが逆に、拒否権を発動しやすい人って「協調性が高い人」「誠実性が高い人」なんです。

ここがおもしろいところですが、日本人の遺伝子プールだと、セロトニントランスポーターの少ない人が圧倒的に多いんです。他国と比較してもセロトニントランスポーターの少ない人の割合が圧倒的に多い。つまり、日本人は不条理な仕打ちに対して世界一理不尽を感じやすい国民なのです。そういう人たちは、不条理な提案をされた時に自分の身を捨ててでも――。

本郷　異議を申し立てる、ということですか。

中野　いいえ、異議の申し立てというよりはもっと苛烈で、自分の利益を捨ててでも、ズルい相手には制裁を加える、という選択肢をとるわけです。家康の場合も、ずっと我慢していても意趣返しはしているわけですね。しなくてもいい時にしているということは、「ずっと我慢しているけれども、その意趣返しをしたい気持ちはもち続けていた」ということなのでしょう。

本郷　しかも、みみっちいところでやっている。

中野　そう、自分にリスクが及ばないように行うんです。

本郷　孕石元泰なんかを切腹させても、誰もなにも言わないですからね。

中野　意趣返しをしたい気持ちをそんなところで晴らすという。

本郷　日本人は、意趣返しをしたいという気持ちを我慢できるタイプなんですね。

中野　我慢できます。我慢はするんだけど、ずっともち続けている。日本人は心の奥底に意趣返しをしたい気持ちを隠しもっているタイプが多いはずなんです。だから変な例えですが、「Kamikaze attack」と欧米で言及されるような行為に、表立っては言わなくても、意外にシンパシーを感じてしまう国民性なのです。忠臣蔵も大好きですよね。こうした仇討物語が200年以上も上演され続けていること自体が、日本人がこうした行為に惹かれる素地をもっている証拠だと思います。本当は我慢して金のインゴットを1本だけでももらったほうが得なわけですけど。

信長だったら、もしかすると1本もらえるならありがたいと言って、あっさりもらっていたかもしれない。

本郷　神風アタックは、合理的じゃないです。実際問題、撃ち落とされるほうが多く、相手に損害を与えられることは少ない。それはもう統計データが出ていて、しかもパイロットまで失う。だいたいパイロットひとり育てるのに、いくらかかるんだって話ですし、当然、飛行機もただじゃない。そう考えると割に合わない。それでもやってしまうんですね。

中野 コストをかけてでも、相手に嫌な思いをさせたい。

本郷 そういう国民性なんですか。ということは、泥水をすすってでも生きるっていうタイプじゃない。

中野 いえ、「相手に一矢報いられるんだったら、耐え忍んで泥水をすすってでも生きるタイプ」です。

本郷 そうか。不平等な扱いを受けることは許せないタイプ。

中野 そうです。何かと引き換えにしてでも報復をしたい。

本郷 そういうことをやりたい性格なんだ。おもしろいですね。でもそうすると家康は、日本人ぽくないってことになりませんか。

中野 家康もこの〝神風遺伝子〟みたいなものをもっていて、それで忠次に対してそういうことをしたんじゃないかと私は思います。

本郷 長年それを抑えられていたのは、意志の力ですよね。ペルソナをいっぱい持っているからですね。

中野　慎重さがあったりトップダウンで考える人だから、「今は意趣返ししてはいけない」「今は一本受け取っておこう」ということが渋々ながらもできたんでしょうね。だけど、のちのちリベンジしてもいいっていう時期になったら抑えていた本心が出てくる。

本郷　関ヶ原の戦いくらいになると、もう誰も家康を止められない。

中野　そうかもしれません。止められない。暴走老人かな。

本郷　暴走老人って、そうかもしれないですね。もう本心が、だだ漏れになってしまう。

中野　そうですね。だだ漏れになってしまう。そんな感じの人だったでしょうね。

本郷　家康が、唯一無理をしたのが元亀《げんき》3（1573）年の三方ヶ原《みかたがはら》の戦いです。その際、家康は武田信玄の挑発に乗って野戦を挑み敗北しますが、その時はなぜ自分の感情を止めきれなかったんでしょうか。

中野　それは家康が若かったからですかね。三方ヶ原の時は、30歳くらいでしたよね。脳には情動の暴走を抑えようとする場所があって、それが**前頭前野**《ぜんとうぜんや》なんです。ブレーキの機能ですね。「今はこういうことをしちゃいけない。こう振る舞うべきだ」というのを計算して。

ペルソナを作る領域といってもいいですね。そこはいつ頃成熟するかというと25歳から30歳くらいで成熟するんです。だから、三方ヶ原の戦いぐらいだったらブレーキは未成熟かもしれないですね。その機能はもちろん衰えることもあって、一番機能が高いのが50代半ばくらいなんですよね。それからあとはどんどん衰えます。

本郷　僕も衰えに入っている。まずい、暴走老人だ。

中野　ただ、前頭前野をよく使っている人は衰え方が緩やかと考えられます。前頭前野は新たな神経細胞が産生される**神経新生**が起きるところではあるんですよ。

本郷　ちなみに人間性の形成みたいなものは、いつがピークなのですか。

中野　そうですね、知能の総合力としてのパフォーマンス。一般知能というんですけど、その一般知能が一番高くなるのが55歳くらいのようです。

本郷　そうなんですか。やばい気をつけよう。頑張って長持ちさせよう。ただ研究者を見ていると、死ぬまで努力をされる方もいるけど、あるところでパタっとやめる人もいます。

中野　「あがり」って感じの人もいますよね。

本郷　あがりの人。その逆で、「先生のそういう姿は見たくなかった」っていうような人もいますよね。だからちょっと気をつけよう。

中野　お互い、にですね。

淀殿

息子を出世カードにした元祖毒親

生涯

1569年頃、浅井長政の長女として誕生。父・長政は織田信長を裏切ったため、織田軍に攻められ自刃。柴田勝家に再嫁した母・お市の方と、越前の北ノ庄城に入城する。だが、織田家の後継争いで羽柴秀吉に攻められ落城。お市の方も自害した。その後、秀吉の側室となるが、1615年5月8日、大坂夏の陣で息子・秀頼と共に自刃。享年47。

脳のなかでは、子どもを身体の一部と感じている

本郷　僕が淀殿《よどどの》について不思議でしょうがないのは、「もう少しうまいやり方があったでしょう」ということです。要するに関ヶ原の戦いにしても慶長19~20年の大坂の陣にしても、「秀頼を戦いの場に出すのは、親として耐えられない」ということなんでしょうが、それで結局負けちゃうんじゃ矛盾もいいところですよね。

中野　武将の母としては駄目ですね。

本郷　駄目です。淀殿には合戦の他にも、ダメなところがあります。例えば、大坂城を家康に差し出す。あるいは、豊臣家の石高は60万石くらいなのですが、「10分の1の6万石で結構です。さらに私が江戸に人質に出ます」と淀殿が言

えば、豊臣家は生き残れたかもしれない。秀吉は信長の子どもを殺してないし、孫の三法師《さんぼうし》も殺してないわけじゃないですか。大坂城や軍資金がある。それに朝廷に近い。それで家康に敵対視されているわけです。だったらもう、大坂城を出て関東の河越あたりに、「すみません、3万石でも5万石でもいいから、豊臣の血を残したいんで、何とかしてください」「私も徳川将軍家の家来になります」みたいなことを言えば、生き残れたんじゃないかと思うんです。それでも、豊臣家を潰すとなると、家康に対する世間の反感が高まります。だけどそういうことをなにもしないでふんぞり返っている。

中野　気だけは強いんですかね。

本郷　そう、気だけは強い。もしかしたら、自分のなかに触れてはいけない秘密をもっていると、そうなっちゃうのかもしれないですね。そんな可能性がないわけではない。周りの人たちに、「あれ、殿下の子じゃないんじゃない？」と言われるのは、すごく気になっていたでしょうから。淀殿が毒親になっていくのは、そのあたりとも関係があるのかもしれません。

中野　関係はありそうですね。親子の絆を作るホルモンというのは、基本的には出産の時に出るんです。人間の身体って個体はそれぞれ別ですよね。別々に分離されていますけど、この特別な絆で結ばれた相手とは、脳のなかでは、その人の身体がまるで自分の一部のように感じられたりするんです。

母親は子を「自分の分身」というふうに言いますけど、それは自身から生まれてくるから分身と思っているわけではなくて、本当にそういうふうに感じられていたりする。「その子が独立して遠くに行く」となった時に、身体に痛みを感じたりします。だから結婚するとか、息子に恋人ができたとかで、本気で嫉妬するお母さんがいるのは自分の身体の一部がなくなってしまうような心身の痛みに耐えられないからです。

本郷　子どもの性別は関係するんですか。

中野　子どもの性別が影響する場合もありますね。性別が一緒のほうが、同じ仲間と思いやすいのでより妬みや、独立を阻みたいという気持ちも強くなるはずです。

本郷　だからお母さんが、娘に対する毒親になるというのは、そういうことなんですね。

中野　対立がより激しくなる方向に行くと思います。

本郷　僕がよくわからなかったのは、母親が男の子を生んだ場合に、疑似恋愛みたいな感じで毒親になっていくのかなと思っていたんです。だから、女の子に対して毒親になるのがよくわからなかったんですよ。そういうことなんですね。

中野　本郷先生が、**絆ホルモン**を疑似恋愛とおっしゃったのは、あながち間違いではなくて、やはり恋愛の時も絆ホルモンは作られるので、息子との関係にもそういう雰囲気が漂うこともあるでしょう。すると、手離しにくくはなりますよね。ただ娘よりも類似性が低いので、妬み感情は比較的上がりにくい。すると攻撃は、よりマイルドになります。

女性同士のほうが激しいというのは、非常によく聞きます。女性は、いわば母の脳のなかでは同じ生き物なんです。それが「私のコントロールの外にあるなんて許しません」っていう認知が働く。

本郷　でも母親は、毒親ではなくても子どもを溺愛するっていうのはあるみたいですけど。例えば毒親になるような人って、自分のことを嫌いな人が毒親になるとか、自分のことを好きな人が毒親になるとか、そういうデータはないんですか。

中野　妬みを感じやすい人、**オキシトシン**の出やすい人ですよね。やはり個人差があって、それが決まるのは、子どもの頃なんですよ。子どもの頃にその人が、**条件つきの愛情**で育てられていると、毒親になりやすい。

前にも少し話しましたが条件つきの愛情というのは「成績がよければいい子だけど、

そうでなければ悪い子」とか、「特定の宗教を信じて、その通り振る舞っている時はいい子だけど、そうでない冒瀆的な振る舞いをする時は悪い子」「お母さんの言うことを聞いた時はいい子だけど、そうでない時は悪い子」というようなものです。

本郷　それ、愛国心みたいなのとなんか似ていますね。

中野　愛国心と同じですよ。土地に対して絆を感じるのも同じ物質の働きです。

本郷　だから、同じ日本というもの、日本人という概念とか、日本という国土とかに度を超えた絆を感じてしまうっていう人たちっていますね。

中野　愛国心、パトリオティズムですね。土地に対する愛着とか、見知った物に対する親しみの気持ちをもつというのも同じ物質の働きが担っています。ファミリアリティ（親密度）とかを強く感じる人のほうが、よそ者と仲間を分ける基準がよりシビアです。だから**内集団バイアス**や**外集団バイアス**が生じやすいんです。外集団バイアスが生じた場合、エスカレートするとヘイトスピーチになったり、外集団である人が自分たちのなかに紛れている時に、虐殺したりっていうことが起こりますね。

本郷　しかし、愛国心だったり同朋意識、仲間意識みたいなものは、健全な場合もあるわけですよね。だけど、毒親みたいになると、危険な感じになるわけですね。

中野　やはり適正量っていうのがあって、適正量でない場合に望ましくない状態が起こりますよね。多すぎると毒親とか、ヘイトスピーチをする人になるし、足りないと**サイコパス**に似た**ソシオパス**のような反社会的な人格になります。だからどっちがいいともいえないいんですね。適正な範囲が一番です。

過剰な絆ホルモンが淀殿を毒親にした

本郷　だから、さっきの中野先生の話で重要なのは、「ちゃんとした養育環境」みたいなものなんですね。

中野　そうですね。養育環境が大事だと思います。戦国時代は男の子なんか生まれたら、乳母に預けるのが一般的なんだと思いますが、淀殿と秀頼はどうだったんでしょうか。

本郷　普通の場合は乳母が育てていますが、淀殿の場合ですと、秀頼が自分の地位を上に押し上げるための根源だったので、常に乳母にも監視の目を向けていたわけです。だから、自分の影響下において育てている。

本来、秀頼のお母さんは北政所《きたのまんどころ》ということになります。秀吉の正室の子どもになるわけですが、その正室を排除して淀殿が育てているわけですから、まさに「私の子」という形で、正室の北政所と側室の淀殿の間で確執はあったでしょうね。

中野　それは、この絆が強まる条件ですね。外敵からそのユニットを守るという環境なので、愛着の強度は増してしまいます。

本郷　だから秀吉が生きている時は、とりあえず何とかなったけど、秀吉が死んだら北政所は、大坂城を退去せざるを得なくなるんですよね。「はい、さよなら」と言って、「もうよその人です」といった感じになるわけです。でも、どう考えても、朝廷の官位からいっても、秀吉の正室は「従一位《じゅいちい》」の北政所ですから。

九州大学の福田千鶴先生なんかは淀殿を「もうひとりの正妻」と言っているわけですが、そんなことは絶対にありません。信長の血筋のお姫様だから、「淀殿は特別だ」というんだったら淀殿は信長の姪です。秀吉の側室には、信長の娘もいますからね。だから、側室グループのなかから淀殿が頭ひとつ、二つ抜け出るために秀頼が必要だったわけです。

中野　出世カードですね。

本郷　それと、秀吉の身体と非常に相性がいい女性で、子どもを作りやすい条件があるとすれば、同じ人が二人の子ども（鶴松と秀頼）を生むってことはあるのかなと僕は以前思っていました。しかし、ある時に産婦人科の先生に聞いたら、めったにないことだと言われたんです。他の女性との間に子どもはできないけど、淀殿との間にだけその「めったにない」ことが二度起こったというのは、「天文学的な確率の奇跡が起こった」ということだそうです。「へええ、そうですか」という感じで、受けとめたんですけど。だけど、当時の人も「変だよなぁ」とは疑っていたんでしょうね。ただそれを口に出すと、もう「殿下に殺される」から言えないんです。

中野　淀殿にも殺されます。

本郷　そうか、淀殿に殺されるっていうのもあるんでしょうね。そのあたりの政治的な話でいえば、誰の子であろうと秀吉が「これは俺の息子だ」と言ったら、それはもう秀吉の子どもなんですね。だけどそこは、理論だけでは動かないのが人間なので、感情も大きな意味があるとすると、この時期の大坂城内はとても不安定だったのかもしれない。

中野　そうですよね。淀殿はなんとしてでも秀頼を守りたかったでしょうし、なんとしても守りたいという気持ち、絆ホルモンがありますので、それが彼女の判断を鈍らせる根源になっていた。

本郷　どんどん毒親になっていくんですね。

中野　ということが否定できないところでしょうね。この絆ホルモンっておもしろくて、記憶力みたいなのはよくなるんですけど、認知力、判断力は、ちょっと鈍る。理性的な判断も鈍るんですよ。だから合理的な判断はあまりできなくなっていたでしょうね。

本郷　いわゆるそれは、世間一般でいうと、もう子どもかわいさに。

中野　「モンスターペアレンツ」みたいになってしまうんです。

本郷　盲目的になっちゃう。そういうことなんですか。

中野　そうです。野生の母熊とか怖いですよね。捨て身で向かってくるでしょ。自分の命が奪われようと。ああいう状態に人間もなるんですよ。

本郷　そうですか。毒親はあれですか。

中野　あれです。野生の母熊です。

本郷　野生の母熊なんですね。こんなことを言うとお母さんたちに怒られてしまうかもしれないですね。

中野　でも多分、気持ちはわかるっていうお母さま方は多いと思います。

本郷　毒親って子どもが複数いた時にもなるんですか？　例えば最初の子どもと、2番目、3番目の子どもとでは違いますか。

中野　可能性はありますよ。ただそれも一様ではないんですけどね。傾向があるっていう程度でしょうか。未産婦から経産婦の脳になる時と、経産婦がさらに変わっていく変化率ってだいぶ違いますよね。一番最初が変化率の一番大きい時なので、長子が影響を受けやすいのは想定されうる事態です。

本郷　どっちが鶏か卵かはわからないですけど、やはり長子っていうのは、この時代は特別視されることが多いですよね。社会的にそうだから、長子に対して絆ホルモンが出やすくなるのか、絆ホルモンが出やすいから社会的に特別視されるのか。

中野　絆ホルモンは、相手を思っているだけでも出たりするんですよ。メールとかのテキストメッセージでも出たりするくらいなので、社会で起こっている人間関係上の問題すべてに関わっているといってもいいです。ですから、**言葉**、それから多く影響を受けるのが、**触覚**です。スキンシップだったり、着ているものの肌触りに至るまで、影響されますね。

本郷　すごいですね。人間って本当になんか、動物なんですね。

中野　動物ですよ。人間が意思で決めている部分は意外と少ないと思います。

本郷　そうすると、淀殿が毒親になるのも仕方ないでしょうね。

中野　淀殿も寂しかったのかもしれないですしね。

本郷　淀殿は性的に、おそらく満足できなかったんだと思うんですよね。秀吉もいい老人ですから。もしそうだとすると、「かわいそうな女性だった」ともいえるけど、そういうのってなにか関係するんですか。

中野　あるかもしれません。淀殿は毒親みたいになっちゃう人だからやはり愛着に傷がある。かなり壮絶な人生ですよね。愛着に傷がある人のパターンっていうのは、自分と絆のある人がそばにいれば安心するかっていうと、そうでもないんです。誰も愛さないようになるか、さもなければその人がいつ離れてしまうかわからないから、あの手この手で確かめようとするんです。

後者なら、その人を傷つけて離れていかないかどうか確かめたり、その人がちょっとでも離れようとすると責め立てたりしてしまうんです。そういうことがもしあったとしたら、親としてはかなり支配的になるでしょうし、例え間男がいたとしても長くは続かない。

オキシトシンが親子の絆や職場恋愛に影響を与える

本郷　恋愛的なことでいうと、しっかり自分に絆を感じさせてくれるような人がそばにいても駄目だった。そうなると、もう生まれ育ちなんですか。それとも精神形成の過程ですか。

中野　ごく若いうちの経験でしょうね。

本郷　やはりそこなんだ。そうすると子どもの時の経験が重要なんですね。

中野　そうですね。子どもの時に形成された愛着のスタイルが9割方、その人の愛着のスタイルとして大人になってからも継承されると考えられていますね。変わらなくはないんですけど、変わる要素がなければ9割方ですね。

本郷　そうすると例えば育児放棄みたいなことは、相当危ないっていうことなんですか。

中野　そうですね。「不安定型」に育つか、もしくは逆に「誰とも愛着を形成しない」か。どちらかですね。要するに、**オキシトシンレセプター**が生えてくる時期になにが起こったかが重要なので、その時期に適切な刺激が入ってないと、オキシトシンレセプターを引っ込めてしまうとか、より多くの要求をするようになるという話なんですよね。

淀殿は、なんか、「病んでいるかわいそうな人」っていうイメージがありますよね。

本郷　そうですね。別に実の両親じゃなくても、例えば乳母みたいな人でも、自分のことを本心から心配してくれるような人がそばにいてくれればよかったんでしょうね。あぁ、それが大野治長《おおのはるなが》のお母さんの大蔵卿局《おおくらきょうのつぼね》なのかな。

中野　そうですね。お福（春日局《かすがのつぼね》）と家光の関係が非常に理想的だと私は思っていて。特定の養育者と**情緒的な絆**が形成されれば、それが生みの親じゃなくてもいいんです。

本郷　そうなんだ。僕、それも聞きたかったんですが、春日局みたいな、お福さんみたいな人って、例えば家光をすごくかわいがるじゃないですか。

中野　本当に大事にします。

本郷　大事にするでしょ。その時に自分の生んだ子どもと家光との間はどうなるんですか。

中野　それは、兄弟間のコンプレックスですか。

本郷　そうではなくて、お福にとってみれば家光は、自分が生んだ子じゃないわけです。まだ子どもだけど主君みたいなものじゃないですか。その子をすごく大事にする。一方で、自分の子どもも育てなきゃいけない時に、別の子も育てないといけない。このバランスはどうなんですか。

中野　子ども目線からすると競合相手にはなりますし、母親からするとその扱いは面倒ですね。特別に情緒的な絆を複数もたなければなりません。やはりそこには必然的に軽重は出てしまうはずです。

本郷　その時、無条件に「自分のお腹を痛めた子どもだからかわいい」とは言えないってことになるんですか。

中野　そうなんですよ。難しいですよね。

本郷　本当ですね。僕が子どもの頃に見た歌舞伎の演目に、『伽羅先代萩《めいぼくせんだいはぎ》』というのがあるんです。政岡っていう女性が、仙台藩の次の藩主になる男の子の乳母となり、自分が実際にお腹を痛めた子が若君の遊び相手になるんです。その若君が毒殺されそうになった時、自分の息子が身代わりになって毒入りの菓子を食べ殺されてしまいます。そのあとで政岡が、「よくやった、よく死んだ。若君の代わりになってよくぞ死んでくれた」と言って泣くという話なんですね。その歌舞伎を見た時、僕は子ども心に「母親と息子の絆っていうのは、他のものよりも絶対的なもの」だと思っていたから、「えっ、なにこの話」と強烈に違和感を覚えました。それで、政岡も大嫌いになったんですよ。だけど今の中野先生のお話だとありうるわけですよね。

例えば、主従関係で、「主を大切にしなければならない」みたいな教育をされるとそうなるのか、それともなにか他のものが介在してそういうことが普通に起こるのか。

中野　オキシトシンは一緒の空間にいるだけでも出たりします。もちろん量の多寡はありますが、ずっとその人にお仕えしている、その養い君にお仕えしているっていう状態があり、「遠く離れたお家に我が子がいる」となると、一緒に過ごす時間の多さとして、養い君と一緒にいる時間のほうが長ければ、こちらのほうが絆は強くなります。

本郷　儒教とか関係なくてもですか。

中野　関係なくてもです。職場恋愛が多いのも、一緒の空間にいるからですよね。オキシトシンは出てしまうのです。

本郷　なんとなく絆を感じてしまって。ああ僕、その感情に従って結婚したんですね。

中野　これ、書いていい話なんですかね（笑）。

本郷　書いていいです。僕は手近なところで手を打ったとか、冒険しなかったとか、そういうことをよく言うんだけど、それだけじゃなく、物理的に証明できるんだな。

中野　堅実な絆を選んだということですね。さすが。

本郷　いや、さすがじゃない（笑）。

第2章　サイコパスの疑いあり

◎武田信玄

感情で動かない合理的な侵略マシーン

—— 生涯 ——

1521年11月3日、武田信虎の嫡男として誕生。父・信虎を追放して家督を継ぐと、信濃へ侵攻する。川中島の戦いでは上杉謙信と激闘を繰り返し信濃を制圧。さらに駿河の平定後、北条氏と和議を結び西上作戦を開始した。三方ヶ原の戦いで徳川家康を破るも、その翌年に三河陣中で発病。帰国途中の1573年4月12日、病死。享年53。

「におい」が父子の確執を生んだ？

本郷　戦国武将の武田《たけだ》信虎《のぶとら》には、同じ母親をもつ長男と二男がいます。その長男が武田《たけだ》晴《はる》信《のぶ》、信玄《しんげん》ですね。しかし、信虎は、信玄よりも二男の信繁《のぶしげ》を非常にかわいがるんです。「正室ではないんだけど、自分が愛している女性が生んだ二男坊をかわいがる」ということはよくありますよね。だけど信虎の場合は、奥さんは一緒で子どもが二人いて、なぜか弟ばっかりをかわいがるんです。これはなぜでしょうか。

中野　弟の性格とか兄との差異について、もう少し情報があればいいんですが——。

本郷　二人とも非常に優秀だったんです。例えば伊達《だて》政宗《まさむね》の場合ですと、目の障害で精神的に暗い子どもだった。母親からしてみれば政宗に比べて「弟の小次郎くんは、すごく活発で、明るくてよい子だ」となります。だから、母親が小次郎だけをすごくかわいがったというのは、それなりの理由に思えるわけです。

だけど、二人とも優秀で、信玄もちゃんと努力するいい子だったんです。二男も普通に能力のある子どもだった。それは、成長してからの二人を見るとわかりますが、それなのに信虎は二男ばかりをかわいがっている。このように弟だけをかわいがるという行為は、お家騒動の火種になるから、信虎もやってはいけないってことってわかっているはずですが。

中野　変な人ですね。

本郷　それはもう単に変な人ってことで、いいんでしょうか。

中野　いいえ、変な人っていうのは確かなんですけど、人間の好き嫌いは非常に繊細なものです。「肌が合わない」「生理的に無理」という言い方をされることがありますよね。性格的、理性的に考えればまったく非の打ちどころがないいい人でも、「なんか気に入らない」というところがあったりします。その時に何らかの理由で、そういう現象が起きているのだと推測します。

例えば、ラットの群れのなかに1匹だけ**オキシトシン**を打ったラットを入れると、そのラットは、オキシトシンを打たれているので、非常に仲間に対して融和的な振る舞いをします。そして、融和的なラットの振る舞いは、群れ全体に移るんですよ。他のラットにはオキシトシンの注射をしてないにもかかわらず。ですが、同じ群れに対して、においを感じなくするブロッカーを投与しておくと、その振る舞いは移らないんです。

本郷 つまり、「におい」ですか。

中野 においの、まだ何の物質かということまでは特定されていないのですが、**嗅覚を介した何らかの化学物質**が、それを媒介しているということまではわかっているんです。なので信玄になにかあった可能性はありますが、それ以上はわからないです。父親に嫌われるにおいを発していたのかもしれないですね。それこそ絆ホルモンを出させないなにかを。もしかすると、父親に似すぎていたのかもしれません。

本郷 信虎は信玄のことを自分を見るようで嫌だったということですね。そのあたりはね、理屈的にはありえそうな話です。

中野 自分と相手が似すぎている場合は、過剰な妬みで攻撃する感情、要するに愛しすぎていて、自ら犠牲を払ってまで相手に罰を与える**利他的懲罰**が起こりやすいんです。

現代でいう虐待くらいのことがあったかもしれません。二人は近すぎたか、それともブロックするなにかが出ていたか、どちらかだろうと思います。

本郷　だけど、同じ息子同士です。これが息子と娘というならまだわかるんですが。でも、はたから見たら差異はないように見えても、やはり親だから究極的になにかを感じられるのでしょうか。

中野　信玄が生まれた時に、信虎がどこにいたのかはわかっているのですか。

本郷　その頃は、今川と戦っていて、甲府にはいないんです。しかもその戦いは長期にわたっていました。

中野　やはり、そうなんですね。先ほどもお話ししたように、父親の脳はなかなかおもしろいもので、母親と違って時間をかけないと「父親の脳」にならないんです。

マーモセットっていうサル目の実験動物がいるのですが、仲間として同じ環境に子どものマーモセットを飼っておくと、オスのマーモセットの脳内にオキシトシンが増えて、子どものマーモセットに対して養育行動をとるようになるんです。

だけど、それにはやはり時間がかかるんですね。オキシトシンは、集団内に対しては融和的な行動をとらせるんですけど、集団外に対しては攻撃したり、排除したりする行動を強めます。信虎が合戦に出かけていた時に信玄が生まれているため、信玄が自分に似ていたとしても外集団として扱ってしまうのです。すると、信玄に対して攻撃が激しくなる可能性もあります。

ただ弟の信繁に対してはそれが起こらなかったとすると、信虎のなかでは、彼だけを同じ仲間としてとらえていたとか、そういう差異があるのかもしれないです。

本郷　でも今のお話で、少しひっかかったのは、当時の人たちだから、割と子どもを作るのが早いじゃないですか。そうすると父親になるのは結構時間がかかるということになれば、まあ僕らでもそうですけど、若いうちには父親的な発想はなかなかできないですね。それでも子どもが生まれた場合、長男というのは何となく、跡継のイメージはあるわけですね。そうすると、父親になりきれてないうちに生まれた子どもを後継者にしなければいけないという点に問題がありそうですよね。

中野　あると思います。信玄ももしかしたら、長男に対してなにかあったのかもしれない。

本郷　長男に対してというのはどういうことですか。

中野　信玄は長男を切腹させていますよね。だから自分の子どもに対して愛着をもちにくい、あるいは過剰にもつという、例えば嗅覚に障害があったのかもしれません。

本郷　もしかすると武田家には遺伝的に、そういう嗅覚に障害があった可能性もあるわけですか。

中野　そういう可能性もありますね。近すぎてもだめ、遠すぎてもだめです。適度な距離にある人であれば、より「近しい他人」としてやさしくできる。社会的な存在としてやさしくできるんです。

本郷　社会的な他人というか、血はつながっているんだけどより社会的に遠い人。後継者というバイアスがかからない人に対してだとやさしくできることもあるんですね。

中野　そうです。丁寧に扱えるんです。**近親憎悪**という言葉がありますが、近すぎる相手に対しては「やさしさよりも憎しみを強く感じてしまう」という。

本郷　すると、末っ子が親の財産をすべて受け継ぐ「末子《まっし》相続」というのがあるじゃないですか。戦国の前の時代の話ですけど。若いうちは父親になるのが難しいということになると、人間として成熟して、まさに父親として振る舞えるようになってから生まれた子どもに跡を継がせる。財産を渡すというのは、いいことなのかもしれないですね。

中野　それはとても理に適っている気がします。

本郷　だから若い時、例えば十代で父親になるのはごく当たり前だった時代、十代の時にできた子どもとライバル関係になることがあったんでしょうね。

中野　そうですね。親子といえども競合相手になることがありますよね。

本郷　そうなると僕だったら、「愛した女が産んだ子だったらかわいい」とか、それぐらいの理解しかできなかったのですが、もっと複雑だったんですね。男同士は厳しいですね。

息子をライバルと認識する瞬間

中野　じつは、一般的には女性のほうが強いと思われている**妬み感情**は男同士のほうが激しいのです。ひょっとしたらそういうことが、信虎と信玄の間であったのかもしれません。

本郷　僕は、「息子が自分を踏み台にして超えてってくれればうれしい」という思いを持っていたんですけど。

中野　それは多分、息子さんが、「自分にあまり似ていない」といった思いがあるからでしょう。似ていたら、より嫌な気持ちになりますね。

本郷　僕が人として大きな人物だからじゃないんですね（笑）。そうすると信虎と信玄の関係性は、現代に生きる僕たちにも、もろに当てはまることですよね。

中野　もろに当てはまりますよね。

本郷　すると、頭がいいとか、仕事ができる、女の人にモテるとか、自分が大事にしている価値観が息子にも発現されてきた時、息子をライバルとして認識してしまうこともあるんですね。しかもそれが科学的に立証できてしまうわけですか。

中野　もし同じ女性を取り合う瞬間なんていうのがありえたとしたら、妬みは恨みといったさらに強い感情に変わっていきます。

本郷　まさに、鎌倉時代の頃の大覚寺統《だいかくじとう》がそれなんです。その時代は、皇統に持明院統《じみょういんとう》と大覚寺統があって、両統迭立《りょうとうてつりつ》で分かれるわけですね。その時に、持明院統の人たちは、割とさらっとしていて、無茶なことはしていないんです。ですが一方の、大覚寺統の人たちはみな濃いんですね。後嵯峨《ごさが》天皇と亀山《かめやま》天皇の親子と、亀山天皇と後宇多《ごうだ》天皇の親子。それに後宇多天皇と後醍醐《ごだいご》天皇の親子も、同じ女性を共有しているんです。それは、取り合っているのかもしれない。だから、親子で同じ女性に子どもを産ませているんですね。

中野 現代の感覚からすると衝撃的ですね。

本郷 いや、本当に衝撃的です。だから後醍醐天皇のお母さん五辻忠子《いつつじちゅうし》は、後宇多天皇との間に後醍醐天皇を産むのですが、「どうもうちの子どもを、後宇多天皇がかわいがってくれない」と思った瞬間、舅《しゅうと》の亀山天皇のところへ駆け込むんですね。その後、忠子は亀山天皇の寵愛を受けることになるんです。そして亀山天皇に愛されるようになると、亀山天皇が息子の後宇多天皇に向かって、「おまえ、なんで息子の後醍醐をかわいがらないんだ」と説教が入ったため後醍醐天皇が皇位を得るのですね。もう、そういうのの繰り返しなんです。

中野 舅の嫁かわいがりですね。小説では山崎豊子さんが書かれた、『華麗なる一族』にも同じような関係をにおわせる描写があり、インパクトのある物語の土台を作っています。読者がインパクトを感じるのは、それが多くの人の潜在的な不安を掻き立てる関係だからでしょう。最も近しい身内に、自分の女を奪われたら——という。

本郷 やはり男同士はそういうライバル、競合関係になりやすいということですね。

中野 そうですね。ヒトも霊長類の端くれですから、どちらかが死ぬまで争いは続くかもしれない。ただ普段は、男同士の親子って距離が遠いので、あまりこういうことが起こらない。けれど、親子の距離が近くなるにつれて、起こってしまう可能性が高まるでしょう。

本郷　信虎は家臣を手打ちにするなど、やりたいことを衝動的にやる直情型の人ですから、普通の人だったら感情を抑えられるのに、つい表に出てしまったんでしょう。

中野　信虎が家臣を手打ちにする時の理由というのはどのようなものですか。

本郷　別に理由はなにもないんです。武田家臣団には名門の家が多かったのですが、信虎が斬り殺したため絶えてしまった家も多いんです。それら絶えてしまった家を、のちに信玄が利用したわけです。かわいがっている家臣に、「この家に入りなよ」「この家に行きなよ」と言って家を継がせているんです。武田四天王の内藤昌秀《ないとうまさひで》や馬場信春《ばばのぶはる》がそうです。

中野　同じ罰を加えるにしても**攻撃的懲罰**と**利他的懲罰**では意味合いが違います。攻撃的懲罰っていうのは楽しくて罰する、いじめるのが楽しくて罰するということなんです。一方の利他的懲罰は、「ルールに従わないから罰せられて当然だ」「正義のためにはこいつを排除しなければならない」という気持ちが働いたうえで、罰を与えるんですね。
新撰組の土方歳三なんかもおそらくこの利他的懲罰のタイプだったのでしょう。信虎が利他的懲罰を与えがちな人だったのだとしたら、妬みが相当強い人なんだと思います。でもそうではない攻撃的懲罰の人だったら、**サイコパス**と同じく他人への共感が欠如した**ソシオパス**かもしれない。

本郷　詳しい史料が残っていないので、そのあたりはよくわからないんですけれど——。よく考えてみたら、武田家のために働いてくれる自分の手足を手打ちにしてしまうのですから、変な人ですよね。

中野　まあ、少し変ですね。自制心も働くタイプじゃないんでしょうね。

本郷　いわゆる組織防衛を強化する利他的懲罰と、それから——。

中野　ばっさばっさと斬り殺していく攻撃的懲罰のどちらかなんです。

本郷　信玄は父親を国外に追放し、暗殺を企てたということで、息子を自害に追い込むわけです。だけど、父親は国外追放しますが、殺してはいないんですよね。

中野　そうですよね。信虎はすごく長生きしていますよね。

本郷　信玄より長生きしていましたから。80歳ぐらいまで生きています。

中野　この時代だったら、ちょっと人間離れした感じですよね。

戦国武将の5人にひとりはサイコパス

本郷　さっきも言いましたが、信虎は残忍な性格で家来を相当殺しています。そのため、信虎を追放して信玄が武田家の当主になった時には、下々はみな喜んだっていう信頼性の高い情報があるんですね。さらに、信玄自身は息子を殺しています。なので、信玄だったら弟を殺しそうな感じなんですけれど、弟の信繁は受け入れて働き場所を与えているわけです。

戦国時代に弟をうまく使うことができたのは、この信玄と秀吉くらいなんですね。やはり弟っていうのは、なにかとライバル関係になるので邪魔な存在となりやすいのです。とくに頭の切れるできる弟というのは、いつ自分に取って代わるかわからない存在ですから。でも信玄はそんな弟を殺すことはしないで、それなりに大切にするんですね。

中野　でも弟を利用できた人というのは、危ないにおいがしますね。斎藤《さいとう》義《よし》龍《たつ》と対極にあるようなイメージがあります。義龍はすごく人間らしい。義龍は「自分をもっと愛してほしかった」という気持ちが動機の中心にあって、そこから派生した行動だとすると、説明がつくような感じです。

しかし、信玄の場合は、「みんなが残虐だと言っているのをいいことに父親を追放して地位を乗っ取る」「弟は使えると思うので、コントロールして使う」といった感じでしょうか。父親に自分を愛してほしかったら、弟を殺していても全然おかしくない。もしこんな合理的な判断が**ボトムアップ的**に何の痛みもなくできていたのなら、信玄は人間の心が薄い気がしますね。

本郷　おっと危ない。もしかするとサイコパス状態ですか。

中野　その可能性も否定はできないということになるでしょうか。合理的で、人をうまく使いこなしています。

本郷　合理的というのは、信玄が優秀であるということですよね。信玄が優秀であることと危ないことというのは、なにか関係があるんですか。

中野　優秀さというのをどう定義するかですけど。例えば企業のＣＥＯには**サイコパス**が５人にひとりはいるっていうオーストラリアの大学による研究結果があるんです。だから日本企業のCEOにも同じくらいの割合ではサイコパスがいるとします。戦国武将と呼ばれるような人たちは今の企業のCEOみたいな役割ですから、「戦国武将の5人にひとりはサイコパスだ」とざっくり概算できると、信玄もサイコパスの可能性が高いかもしれません。

本郷　信玄はすべてを合理的な手段として置き換えられるくらい、自分の欲望を抑え込んでいます。

中野　なるほど。もしかしたら信玄にはもともとそういう欲望はないのではないでしょうか。

本郷　「なにかしてやりたい」とかはない人なんですか。

中野　あまりないような気がします。

本郷　では、信玄の目的意識ってなんなのでしょうか。

中野　あくまで個人的な見解ですが、信玄を突き動かしていたのは「おもしろい」という感覚だと考えてみることもできます。

本郷　「その瞬間がおもしろければいい」という信玄像も、何だかすごく新鮮ですね。

中野　もしその仮説を採用するなら「おもしろい」「生き延びられる」ということになる

と思います。

本郷　そのためには父親も追放するし、息子も殺すんですね。自分の妹が嫁いだ諏訪《すわ》家も滅ぼしています。ただ、諏訪家の娘さんは自分の側室にしていますね。これは美人だったら誰でもよかったんでしょうか。

中野　**サイコパシー**の高い人は女性の人格を見るというよりは、女性を物のように見るんです。

本郷　それはひどいですね。人間の心をもってないとしか言いようがない。

中野　ただ、人間の心をもってないからできることもあるんですね。

本郷　もしかすると、侵略マシーンみたいな合理的な判断が次々に下せるのも感情で動かないからですか。

中野　そう考えることができると思います。人間的な情が薄いからできるというか。

本郷　CEOの5人にひとりがサイコパスということになると、例えば社員を「役に立たないな、こいつ」と思った時、普通だったら、「でもこいつの首を切ったらどうなるんだろう」「家族が路頭に迷うなぁ」と思いそうなものですけど、全然思わないで首が切れてしまう。

中野　そう、躊躇することなく首を切ることができるんです。その時「かわいそうだな」と思う前に、「こいつの首を切ったら、自分に対してどういうリスクがあるのかな」と考えて、「こういう名誉を与えておけば、こいつはコントロールできる」とか計算して切ることができるんです。

本郷　すべては計算づくなんですね。嫌ですね。

中野　信玄には「人は城、人は石垣、人は堀」という名言も残されています。人の欲しい物は金、名誉、女といった物で、だいたいカテゴライズできますけど、家臣に「どれを与えればコントロールできる」ということを、知悉《ちしつ》していたんだと思います。

本郷　あぁ、だから誰にも裏切られないんですね。

中野　「人を支配する」ということをわかっていたんでしょうね。ただ残念ながら、勝頼《かつより》にそういう考えはなかった。

本郷　勝頼は、そういう意味では普通の人だったということですね。そうか、そうなると僕らは普段、「家臣の統制がうまい」とか、「この人は優れているね」と言っていましたが、その実態はサイコパスだったっていうことですね。

中野　ごめんなさい、言わないほうがよかったですか。

本郷　すごく嫌ですが、でもおもしろいですね。そういう人ほど、客観的な分析能力とかは高いですから。

中野　そうですね。知能は極めて高いと考えられます。だから合戦もうまい。それと、適材適所ということを徹底的にやった人なんではないでしょうか。

本郷　川中島の戦いで一番激戦だった永禄《えいろく》4（1561）年の第四次の戦いで、弟の信繁が戦死するわけです。それから重臣の両角虎定《もろずみとらさだ》も討ち死にします。もしかすると、弟や家臣を捨て駒として使っていたのかもしれない。僕は、川中島の戦いでは信玄が勝利したと思っていますが、こういう計算も立てていたんじゃないですか。

中野　この分析の信玄像が正しいなら、間違いなく立てられます。「この駒は捨ててもここは取る」ということが、容易にできる。

本郷　歴史研究者のなかには、「信繁や両角虎定、山本勘助《やまもとかんすけ》などを失っているから、川中島の戦いは、どちらかといえば上杉方の勝利だ」というようなことを言っている人もいるのですが、それは全然わかってないってことでしょうね。

中野　そう、わからないですね。すべては信玄の計算の内だったかもしれませんから。

本郷　我々はまだ、信玄の手のひらで転がされているという感じなのでしょうか。

中野　そうかもしれないですよ。ただそんな信玄も唯一計算外だったのは、自分の寿命じゃないでしょうか。50歳を少し超えたところですから、まだ若いですよね。

本郷　でも当時、人生50年だとすると、だから「そろそろやばいな」とは思っていた可能性はありますよね。

中野　そうですね。さすがの信玄も焦ったでしょうね。もうちょっと長生きしていたら。

本郷　あと2年か3年でいいから、長く生きてほしかったですね。あと2年か3年生きてくれていたら、少なくとも信玄が西上作戦でなにをしたかったかがわかるんです。信玄の最後はなにが目的だったのか。それは今も研究者の間で色々な説があって、よくわかっていないんです。

中野　そうなんですね。ただ個人的には、信玄はもっといい人であるように言いたかったです。

本郷　でも信玄は、いい人には言えないんじゃないですか。

中野　そう、彼の為した事跡をたどっていくと、言いにくいんですよね。でも川中島の戦いで、よく謙信と信玄という対比で評される二人ですが、この対比は何だか、サイコパスvs義の人みたいな感じでおもしろいんです。

◎ 完全無欠のサイコパス

織田信長

―― 生涯 ――

1534年5月12日、織田信秀の三男として誕生。幼少期は「大うつけ」と蔑まれたが、家督を相続すると尾張を統一。さらに今川義元を桶狭間の戦いで破り、勢力を拡大する。将軍・足利義昭を京から追放して幕府を滅亡させ、畿内を平定。武田氏を滅ぼし天下統一に迫るが、明智光秀の謀反により1582年6月2日、本能寺で自刃。享年49。

先天的なサイコパスと後天的なソシオパス

本郷　織田《おだ》信長《のぶなが》の話をする前に、信長に逆らった戦国武将の荒木《あらき》村重《むらしげ》について少しお話をしたいと思います。この村重は信長により、摂津《せっつ》一国を任される大名に取り立てられています。村重はものすごい上昇志向が強く、浪人みたいなところから、大名にまで出世しました。しかし、今度は、その恩のある信長に反抗をして城に立て籠るのです。この籠城戦自体は頑張って戦うんですけど、落城寸前になると家族を見捨てて城から逃亡します。あげくに、妻や子ども、さらには重臣たちがみな処刑されるのに自分だけは生き延びます。

その後は、一説には「みちのくそ」と書く道糞《どうふん》と名を変え、秀吉のお伽衆《とぎしゅう》になるっていうような人生を送った人なんです。この村重についてはいかがですか。ただ、「欲望に忠実だった」と言われれば、それまでのことなんですけど。

中野　そうですね。欲望にもいろいろな種類があるのですが、上昇志向が強く、わざわざ実力者に刃向かうというのは特徴的ですよね。何か大きいこと、目立つことをしたいというか、**承認欲求**の塊のような人でしょうか。

本郷　自分さえよければいいんですか。

中野　おっしゃる通り、自分さえよければいいんですね。先ほどお話ししたように、**サイコパス**とよく似た**ソシオパス**という**反社会性パーソナリティ障害**があるんですけど、ソシオパスは環境要因によって形成される、いわば**後天的な利己主義者**という感じでしょうか。

本郷　要するに、生まれついてではなくて、村重が生き抜いていくなかで、どんどん利己主義になっていったというわけですね。

中野　ソシオパスには、サイコパスと同じく恐怖を感じにくいという特徴の他、自己愛的に「自分は特別」と思っていたり、「自分の失敗を他人のせいにする」という特徴があります。

本郷　そういう人はいますね。ですが、あの信長に逆らうんですから、相当やはり変な人ですよね。

中野　あまりいないタイプですよね。やはり自己評価が高すぎる、**ナルシスティックな人**だったのでしょう。

本郷　そうか、自己評価が高いんですね。一説には、毛利攻めの総司令官に秀吉が任命された時、「それは俺がやるべきだろう」と言ったとされる。それが、信長に対して一番の不満になったっていう説もあるんですけど、この点だけをとっても相当、自己評価は高かったと思われます。

中野　ソシオパスは、社会規範を無視するほか、「無責任」だったり「衝動的」だったりします。

本郷　自己評価が高いから、「俺ほどの者であれば社会的なルールなんて無視してもいいや」となるわけですね。

中野　まさにおっしゃる通りですね。自責の念とか恥ずかしさとかも感じにくい。共感もしません。また、「友人がほとんどいない」という特徴もあります。村重はどうですか。

本郷　そこは、わかりません。ただそれってみんな僕にあてはまります（笑）。

僕は、全然ルールを守りませんが、ただ自己評価は高くないです。だけどボッチだし、困ったもんですね。

中野　本郷先生は、確か最初にご一緒させていただいた時に「アメリカの大学教授の94パーセントは、同僚たちより自分が優れていると思っている」という話をしたら、「僕は6パーセントだ」とおっしゃっていましたよね。

本郷　そうです。僕と同じ考えの方は6パーセントしかいないんです。

中野　でも94パーセントの大学教授は、自己評価が高い人たちなんですよね（笑）。

「美」をも利用するサイコパス

本郷　話を村重に戻すと、何といってもわからないのが、信長に高く評価されていたのに最後は信長を裏切ってしまうことです。なぜ裏切るんでしょうか。

中野　それは、「俺は信長よりすごい」と思ったからじゃないですか。

本郷　やはりそういうことなんですか。裏切るっていうことは。

中野　裏切りは、相手からの反撃があっても自分は勝てる、あるいは逃げ切れると思うからできるんです。ひとつ、ずっとご質問したいなと思っていたんですけど、信長の「美的センス」を本郷先生はどう思われますか。

本郷　ええっ、美的センスですか!?　僕は普通にいいものだとずっと思っていたんですけど。中野先生はどう思っていらっしゃるんですか。

中野　私は信長が本当に「美的センスをもっていたのか」という疑問があるんです。信長は「みんなが美しいと思うものが美しい」と、ビッグデータ的に美を判断していたのではないかと気になっているんです。信長が本当にサイコパスなんだとしたら、物事の美しさを実感としては感じていなかった可能性があるんです。

こういう美的センスと、正しい、正しくない、あるいは良心は、脳のほぼ同じところが処理しています。もし本当に信長が美しさを判断できたとしたら、信長はサイコパスではなく、ソシオパスだという可能性が高くなります。

本郷　信長は「美しさ」を感じとれていたのか、それとも「利用できるものは利用してやろう」みたいなことだったのか——。お茶に関しては、おそらく信長は、「お茶が好きだった」ということではなく、「これは使える」と思ったんでしょう。それで、お茶を取り入れた。しかし、安土城の天守閣はどうなんでしょうか。

ただ、これはもう本当にくだらない話なんですが、「大仏を作ったのは誰ですか？」「聖武天皇《しょうむ》です」「そうではありません。大工さんです」という小学生のような話になってしまうのですけど、安土城を実際に造ったのは普請総奉行の丹羽長秀《にわながひで》なんです。

中野　信頼できる人に任せたんでしょうね。

本郷　監督をしながら、「こういうものを造れ」と命じたのが信長だった可能性もあります。

中野　問題は、信長がアートディレクションをしたかどうかといったところでしょうね。アートディレクションをしていなければ信長は、**美を利用したサイコパス**でいいと思うんです。

本郷　そこが重要な問題になるんですね。

中野　そうです。美しいと正しいは一緒なんです。ちなみに、村重と信長の女性の好みとかどうでしたか。

本郷　女性ですか。村重の奥さんは絶世の美女と評判でした。

中野　そうすると、やはり村重はソシオパスですね。

本郷　一方で信長の奥さんについては、ひとつも伝わっていないんです。信長の奥さんできれいな人って聞いたことないでしょ。信長の生涯を記録した『信長公記』には、「なんとかの方」という話が出てきそうですが、まったく出てこないんです。

中野　史料に出てこないってことは、「特筆すべき感じじゃない」ということかもしれません。

本郷　自分の奥さんを表に出して、「どうだ、俺の女房はきれいだろう」とか、そういうことはしていないんですね。

中野　なるほど。そういうことなんだと思います。史料に書いていない、という事実自体がそれを示しているんでしょうね。

本郷　濃姫《のうひめ》が正室でいたってことになっていますが、この濃姫でさえも、じつは、美濃国《みののくに》を信長が奪ったあとになるともうほとんど用済み状態となっています。

中野　もう、間違いなくサイコパスといってもよさそうです。

本郷　濃姫のところにはまったく行ってはない。それから跡取りの信忠《のぶただ》を生んだのは、吉《きっ》乃《の》の方《かた》と伝わっています。『武功夜話《ぶこうやわ》』という史料がその根拠なんですが、この『武功夜話』は、史料としては誰がどう見ても偽物です。だから、吉乃の方が実在していたかどうかも確認できない。だから、どんな側室がいたのか、それすらもわからないんです。さらに信長の鎧兜って、ひとつも残ってないんですよ。秀吉の鎧兜はいっぱい残っていて美しい。

中野　秀吉は美的センスがあるんですね。そして信長にはおそらく、我々が思っているほどには美的センスはないんでしょう。美的センスがある人に全部聞いて、利用していたんだと思います。身体を守るための鎧兜もなかったんだとしたら、さらにその可能性が高くなりそうです。

サイコパスは痛みを感じにくい特徴があり、さらに恐怖も感じにくい。サイコパスに痛みを与える実験をすると、痛みの感覚が鈍いことがわかります。

恐怖と不安が欠如した信長の脳

本郷　なんだか信長が、どんどん危ない人物になってきました。変な言い方をすると信長は、「ちょっとイカれてる」わけです。誰がどう見てもイカれています。その理由としては、日本の歴史上で信長だけが徹底した虐殺を行っているんです。2万人規模の虐殺を1回と、1万2000人の虐殺を1回行っているわけですね。今の人口と比較すると、当時の人口は約10分の1なので、今なら「20万人殺した」「12万人殺した」

となるんです。要するに信長は、日本人で唯一、大虐殺を行っているんです。

中野 地方の小都市なら消えてしまいますね。

本郷 こういう話は、ヨーロッパならよくあるじゃないですか。フランス革命の時に、「リヨンが消えちゃいました」とか。ただそれを日本で行ったのは信長だけなんです。さらにいうと、宗教勢力の比叡山も燃やしてしまうわけですね。

中野 そうですよ。元亀《げんき》2（1571）年の「比叡山の焼き討ち」も、私が信長をサイコパスだと思うひとつの根拠なんです。信長には宗教的権威とか、そういうものに対する恐怖心がまったくなかったんですね。

本郷 ということは、信長は神様が怖くなかったんですか。

中野 怖くないはずです。

本郷 すると、仏様も怖くないんだ。「日本は宗教心がない国だ」とよく言われますが、「では、あなたたち、お守りを捨てられますか？」と言われると、安易には捨てられない。お守りを捨てられるかどうかという統計が出ているんですが、日本人はお守りをゴミ箱には捨てられないんです。

中野 そうでしょうね。お焚き上げとかそういう感じですよね。

本郷　わざわざ、お焚き上げをしなくても、お守りはいつの間にかなくなっているんです。だからどこかのタイミングでは捨ててはいるんですが、「お守りを捨てるぞ」という明確な意思のもとに、ゴミ箱に捨てられる人はほとんどいないんです。お守りをゴミ箱に捨てることを日本人はみな、「なんかよくないな」と感じているわけですね。普段は神様仏様を信じない日本人でも。だから信長は、どうして比叡山を燃やすことができたのかと考えると、おかしいなと思いますよね。しかも比叡山は学問の中心でもあるわけです。比叡山では、約4000人が死んでいるんです。この4000人は何の数かなっていうと、じつは東京大学の教員数とほぼ同じなんです。信長が比叡山を焼いたことを現代に置き換えると、東大に火をつけて教員をみな殺しにしたっていうことですね。この話を講演でですると、だいたいみんな喜ぶんです。「あれっ東大って、こんなにみんなに憎まれているのかな」と思うんですけど（笑）。まぁ、爽快感があるんでしょうね。東大を焼いて教員をみな殺しっていうのは。

中野　**シャーデンフロイデ**ですね。自分よりいい目を見ている誰かが痛い目に遭うことで味わえる快感のことです。

本郷　信長は、神様仏様を信じてなく、「なんとなく怖い」という意識もないんでしょうね。

中野　何となくの怖さを感じられない脳なんです。先ほども少しお話ししましたが、脳には**扁桃体**という部位があり、そこで恐怖とか不快を感じます。信長は扁桃体の機能が低かったかもしれない。

本郷　人を殺すことは、その人間の霊的なものを感じて、祟られるとか、そういうことを考えるから殺せないわけじゃないですか。だけど、現実的に考えたら、物理的に人を殺すと相手は死体になってなにもできないわけですから、その気になれば殺せるんです。だけど普通の人、もちろん僕もですが、人は殺さない。それは合理的な問題でもあるけれども、なにか気持ち悪いからできない。しかし、信長にはそれができてしまうんですね。

歴史学会の話をすると、「信長は普通の戦国大名だ」という意見が多くなっています。「信長は普通の戦国大名だ。武田信玄とどこが違う。上杉謙信とたいして変わらない」というような感じです。このたいして変わらないというのと、全然変わらないというのはまったく違うわけですけど。それに対して僕なんかは、「いや、そんなことはないだろう」と思うんです。「日本人で他に、大虐殺をやった人がいるのか」と。

また、信長は日本で初めて城に石垣を積むんですよね。三国志のゲームをやっていたらおわかりかと思いますけど、中国の場合は三国志の時代にはすでに城壁を造っていますます。ところが日本では城壁を造らないんですよ。それを約1000年の歴史をぶち破って石垣を積んだのが信長だったんです。だからそういう意味でも、「信長は普通の人じゃない」と僕は言ってきたんです。

中野　他の学者の方が、信長を普通の人だと思う根拠はなんですか。

本郷　ひとつは唯物史観の考え方で、要するに英雄はいらないというものです。

中野　戦後民主主義的なバイアスのもとでそう思っているということですか。

本郷　そうです。だから「信長を英雄視するってことはやめよう」という。

中野　ルイセンコ学説みたいですね。

本郷　もうひとつは、すごく底が浅いんですけど、「今までの人と違うことを言えば、俺は研究者として目立てる」ということなんですね。

中野　ポジショントークってことですね。

本郷　そうなんですよ。でも、株が値下がりしっぱなしってことはないように、どこかで切り変わるわけですよね。だからさっき僕が言ったみたいに、「信長が普通の人だ」ということに意味があるうちはいいんですが、それが一般的になるとどこかで切り返しが起きて、「やはり信長ってすごいんだ」という人が増えてくる。そっちのほうがポジショントークとしては目立てるからですね。ということなのかなと僕は思っているので、僕は信長を他の大名とは違うと一生懸命言っているんです。

中野 それが正しいと思いますよ。

本郷 ただし、中野先生の話によると、信長は他の大名とは違うというよりも、「サイコパスでした」ということになる。これはすごいですね。

中野 確かに、行きすぎかもしれないです。

本郷 いやいや。衝撃ですよね。

中野 やった実績と、その美的センスの有無を考えると、サイコパスの特徴を満たしているということなんです。

本郷 最初に、女性に対する姿勢。

中野 女性に対する美的センスのありなし。でも性的欲求はあるわけですよね。

本郷 性的欲求は人間だからありますね。信長には、子どもはたくさんいます。ただ女性を美醜では選んでいる感じがしない。

中野 森蘭丸《もりらんまる》はどうなんですか。

本郷　それですけど、信長は男の子も好きなんです。そこは、有能な若者をかたっぱしからなんですね。

中野　やはり信長は美ではない。「美」ではなくて「利」なんです。サイコパスは、美とか善とか心とかは関係なくて、あくまでも利。利で動くんです。

本郷　こいつとそういう関係になって、密接な関係をもっておくと、のちのち便利だという。そういえば、信長の寵愛を受けた堀秀政《ほりひでまさ》（久太郎）ですね。それから長谷川竹、のちの長谷川秀一《はせがわひでかず》。それから前田利家《まえだとしいえ》に中野先生がおっしゃった森蘭丸、万見重元《まんみしげもと》（仙千代）。万見重元は荒木村重との有岡城の戦いで戦死してしまいますが、みんなやはり優秀な武将に育っている。堀久太郎は「名人久太郎」と称されるくらい何でもできる人なんです。だから、信長は美少年がよかったわけじゃなくて、求めていたのは有能さだったんです。

中野　もしかしたら、オプションとして美少年が付いてきたかもしれないけど、それはあくまでオプションで、本当に信長の心を動かしたのは、有能さとか便利さだったんだと思います。ただそれは、信長が本当にサイコパスだったとしたらですけど。

本郷　もし「美少年で何の役にも立たない人」を検出できれば、その仮説は崩れてしまうわけですけど、今のところそういう人はいませんね。逆に、不細工だけど有能な男を検出すればいいわけか。

中野 でも、何の役にも立たない人とも、少しくらいは関係があったかもしれませんよ。

本郷 ただ、そういう人たちのなかに、歴史に名前が残るほど、「信長様がお気に召した、なんとか丸」はいないですね。あの対人関係にサイコパスの特徴はありますか。

中野 対人関係ですか。サイコパスはなにもかも全部が物に見えているわけですから、「この人にはこういうふうに対応すれば心がこっちに向く」というのをよく観察していて、茶器が欲しい人には茶器をあげたりするわけです。信玄もそうだったのかなって思いますけど、やはり彼も人間観察眼には優れている。だけど、そこに共感性がないから残酷にできるんです。

本郷 人は利用するけど、そこに共感はないんですね。

中野 ないですね。だから「この人はこうしたら泣く」とわかっていても、一緒に涙を流したりはしないんです。

本郷 泣くんだったら、「俺が泣けば、こいつの能力を120パーセント引き出せる」と考えた時には泣くことができるんでしょうね。嫌な奴ですね。

中野　サイコパスは本当に嫌な奴です。
本郷　でも時として、驚くほどやさしくなるようなことも、あったりするわけですか。
中野　過剰に優しくなることはあります。
本郷　本当ですか？　すると、「山中の猿」はそれかもしれないですね。中野先生は山中の猿の話はご存知ですか？　『信長公記』に記されているエピソードで、貧しくて身体に障害のある物乞いに信長が妙に優しくするんですよ。だから僕はそれを挙げて、以前、「本当は信長はやさしい人間だったんじゃないか」と書いてしまったんですね。
中野　でも信長には、「そう思わせたほうがいい相手」「その振る舞いを見せつけたい誰か」がいるわけですよね？
本郷　そうでしょうね。だから下々の者に、「俺はやさしいぜ」というところを見せつけたいわけですね。
中野　それは、プレゼンです。
本郷　あぁ、見損なった。
中野　それで、いいんだと思います。信長のプレゼン能力が高い証拠ですよね。
本郷　信長はお金ではなく、反物を地元民に渡し、「この反物を売って、猿に少しずつ金をやれ」と命じるなど、少し回りくどいやり方をしていますよね。

中野　それは、「わざわざ人に見せつけるためにやった」ということでしょう。

本郷　「お前たちが、この猿と呼ばれる男に優しくしてくれたら、俺は大変うれしく思う」と書いてある。優しかったんじゃないんですね。ただのサイコパスなんだ。サイコパスの人は、すべてが合理的なものになってしまうわけですか。これをやったらどうなるかってことが見えている。

中野　あくまでも、知能が高ければですけど。

本郷　信長は知能は高いでしょうね。だから、これをやったらどうなるというのが、すべて見えているわけですね。

「天下統一」というゲーム

中野　なぜそうなるかというと、自分が共感性をもっていないということは知っているわけです。自分がみんなと違う振る舞いをしていることはわかる。例えば、「山中の猿」のエピソードを「自然にできる奴がいる」ということは知っている。だけど自分はそれを自然にできるような人間ではないということも知っていて、「そう振る舞えば多くの人がついてくる」ということがわかれば、「そう振る舞えば、自分の本当の人間性を悟られずにすむ」と思っているんです。

中野　サイコパスの目的意識は強烈なんですか？　それとも割とその場限りでしょうか。

本郷　サイコパスは、「自分がなにかを実現したい」はあんまり思っていなくて、「ゲームをクリアしたい」くらいに思っている可能性があります。

中野　だとすると、信長も「天下を統一してやろう」なんて、あんまり思ってなかったんですかね。

本郷　天下取りというゲームをクリアしようという感じではないでしょうか。

中野　ゲームをやるぐらいの感じで。そういうふうに考えられるんですね。

本郷　考えられます。だって「天下統一をする目的」ってありますか。

中野　いや、でも、自分の名前が歴史に残るじゃないですか。

本郷　荒木村重とかだと、そう思っていた可能性はあります。

中野　信長レベルになると、そこも考えない。

本郷　信長って、「どうせ人間50年」と言っている人ですから。

本郷　そうですね。死んじゃったらおしまいですよね。「それを言ったら終わりじゃないか」っていう人ですよね。こういう人が友達にいたら嫌ですね。

中野　友達には絶対になりたくないですね。

本郷　みんなと盛り上がっていると「だから何？」とか言う人ですよね。それで「えっ!?」とかいうと、すごい論理立てて、「いや君たちがやっていることには意味がない」と言い返してくる。

中野　「論理的に考えて、人生なんて意味がないんだよ」とか言い出しそうです。

本郷　うわ、嫌ですね。こういう人。

中野　**サイコパシー**というのは、スペクトラム（分布範囲）なんですよ。その度合いがグレーゾーンみたいなところから真っ黒までいます。尺度の満点が40点。33点以上がサイコパスです。先ほどお話しした信玄の度合いだと、もしかしたら34点とか35点くらいかもしれません。

本郷　信長は真っ黒ですか。

中野　そうですね。信長だと満点を取ってしまう可能性もあります。

本郷　もし信長が「俺はサイコパスじゃない」と反論する材料があるとすると、最後はやはり天守閣でしょうか。信長が「俺は安土城の天守閣に美を創ったんだ」と言うと、信長サイコパス説は崩れるんですよね。

中野　そう、そこですよね。繰り返しになりますが、信長がアートディレクションをしたのかどうかという話になります。

本郷　お茶の場合、すでにそれなりの世界があったから、みんなの共感できるものが作れる。しかし、安土城の天守閣は基本的にそれまでになかったものだから、信長の独創性、オリジナリティが生かされている。つまり、美を創造したってことになるわけですね。しかし、松永久秀《まつながひさひで》が先に多聞山城で天守閣を造ったという話になると――。

中野　もちろん話は違ってきます。

本郷　松永久秀のことを信長は、「こいつはたいした奴だ」と言っていた。「ひとつは主人を殺した」「ひとつは将軍を殺した」「ひとつは大仏を焼いた」。そして「こういうことをできる奴は他にはいない」と言い、自分を裏切った久秀を許している。久秀に対して、信長は親近感をもっていたみたいな話もあるのですが、それはどうでしょうか。

中野　サイコパスは、基本的にあんまり悩んだりしないと考えられています。ただし、可能性としてひとつ抱えている葛藤があるとすると、それは孤独感だと考えられています。なので、そばに似たような存在がいたとしたら、そういうことを言った可能性はありますよね。ひょっとしたらですけれど。

本郷　久秀も、サイコパスでしょうか。

中野　普通の人だったら、あんな裏切りの連続のような人生は送らないですよね。

本郷　そういうシンパシーみたいなものを感じるとしたら、「あっ、お前も俺と同類ね」というのはわかるわけですね。そうすると信玄と信長は、シンパシーを感じながら、どっちが「より壊れているか競争」をしていたということかもしれないですね。

中野　もしも、そうだとしたらですけど。

本郷　確かに信長は、「子どもを愛していた」ということもなさそうですし、家族愛みたいなものも薄いんです。でも、なぜか子どもはポロポロ作るんですよね。だから、「自分の欲求の赴くままに」みたいな感じだったのかもしれないですね。

中野　そうなんだと思います。

サイコパスも読み違えた光秀の裏切り

本郷　「天才学」というのがあったように記憶しているんですが、それがなにかというと、猿を調べていくと他よりも明らかに能力が高い奴がいるということがわかる。さらに、その個体の家系を調べていくと、「その家系に連なる個体はすべて優秀だ」ということになるんです。このことから、「秀才はDNA的に受け継がれている」といえるんです。

ところが天才というのは突然現れます。周囲に、優秀な個体がほとんどいないにもかかわらず。妙なことを覚えているんですけど、どこの群れだったかな。宮崎県串間市の幸島《こうじま》だっけかな、ジュウゴエモンっていう天才猿が現れるんですよ。この猿が天才かどうかを調べる方法には、「芋を海水につけて、味をつけて食えるか」などのいくつかの要件があったんです。ジュウゴエモンは親兄弟に優秀な奴がいないにもかかわらず、突然群れの中に出現して、すべてを高いレベルでクリアするんです。そして、いつの間にか群れから去っていったという。そういう、天才猿の話があるんです。信長の家系も信長だけが妙に優秀で、他は優秀な感じがしないですよね。

中野　信長の孫の三法師も全然優秀な感じがしないですよね。

本郷　天才学はもともとヨーロッパで言われだしたらしいんですが、ナポレオンの家族なんてみんなどうしようもないですよね。

中野　まあそうですね。どうしようもない感じでしょうか。

本郷　だから僕は、「信長はジュウゴエモンなのかな」と思っていたんです。

中野　おそらく「サイコパス＝知能が高い」というイメージを抱かれる方も多いのではないかと思います。しかし、サイコパシーの高さをチェックして、サイコパシーが高い人たちとそうでない人たちのＩＱを比較すると、サイコパシーが高い人のほうが、ＩＱの平均は若干低いんです。

本郷　そうなんですか。ＩＱの高さとサイコパシーは関係ないんですね。

中野　ＩＱとは関係ないです。むしろ逆にちょっと低いんです。ではなぜ頭がよさそうに見えるかというと、サイコパスは普通の人のように情にとらわれて判断しないので、ちょっと賢そうに見えたりするのです。また、賢い個体が目立つから、全体的にも賢いように見えるという**セレクションバイアス**がかかっていることも考えられます。サイコパスを主人公にした映画とかのイメージもあるようですが。

　こういった理由で「サイコパス＝賢い」と思われがちですが、じつはそうでもないんです。そこから考えると、信長の血族はみな、ひょっとしたらですがサイコパシーが高かった可能性はあります。サイコパシーが残虐さとして出るかはさておき、「絆を築きにくい」とか、「人当りはいいけど、ちょっと距離が近くなると冷たい感じになる」ということもあるんです。そういった遺伝子をもつ血族のなかで、たまたま知能が高く生まれた個体がいて、それが信長だったと考えることもできるんです。

本郷　そうかもしれないですね。信長の父親である信秀もポロポロ子どもを作る多産の家系なんです。

中野　じつは、サイコパシーの高い人のほうがモテるっていうのもありますね。

本郷　え、サイコパスはモテるんですか。異性には魅力的に見えるんですか。

中野　「ワンナイトアフェア（一夜通い）が多くなる」というデータがあります。

本郷　そうなんですか。ワンナイトアフェアね。素晴らしい言葉ですね。でも僕には関係がないですけど。

しかし、結局信長は裏切りに次ぐ裏切りを経験するわけですよね。同じサイコパス予備軍の信玄は、裏切られることはあまりなかった。その点は、どうお考えですか。

中野　「外交性」の違いなのか、「観察眼」の違いなのか、それとも「観察する対象のサイズ」の違いなのかもしれません。信長のほうがサイズの大きい集団を見ていましたから、完全に把握しきれなかった。粗がそういう形で出たのかもしれないですね。

本郷　でも、明智光秀なんかすごい近くにいたわけですよね。

中野　そうですよね。光秀のことはわからなかったんでしょうね。光秀が自分に心酔し切っていると信じていたりしたのか、コントロールできていると思っていたのかもしれません。

本郷　その誤差というか、計算間違いはあってもおかしくはないんですか。例えば、桶狭間《おけはざま》の戦いを僕たちはどう考えているかというと、2000対2万5000とかって、「みな怖気づくから無理だろ」「正面から戦うのは無理じゃないか」と思うわけですが、だけど信長は怖くなかったわけですよね。死ぬことさえも。

中野　怖さは感じてなかったと思います。バンジージャンプがすごく好きなタイプかもしれないですね。

本郷　バンジージャンプが好きなタイプか。そうすると、もう、すべてに答えが出ちゃう感じで怖いですね。

中野　そうですね。信長の心拍数とか測れたら、ちょっとおもしろかったですけどね。そういう記述とかはもちろんないですよね？　脈とかでもいいんですが。

本郷　残念ながら、さすがにないですね。

中野　顔があんまり赤くならないとか。

本郷　酒は呑まないんです。それでいて突然キレだすんです。それはあんまり関係ないですか。

中野　突然キレるというのは、サイコパスと関係があるかもしれません。突然キレたほうが、部下をコントロールしやすいと思っていたかどうかですね。

本郷　すると全部、演出なんですかね。

中野　そうですね。自分がそういう性質であることを、半ば利用していたのかもしれません。ただ、何とも言えないところですね、その点は。

本郷　信長は小姓をどんなにかわいがっていても必ず戦場に放り込み、人の首を取ってきたら一人前みたいなことをするんです。これってもう、完全にサイコパスですね。人を殺して初めて一人前みたいな。その家臣が使えるかどうか。ちゃんと人を殺せるかどうかというのが、信長の領域に少しでも近づけるかの基準みたいなことなんでしょうね。

中野　そうだと思います。

本郷　平気で人を殺さなければいけないというのが、信長って嫌な野郎ですね。

◎美に執着したソシオパス

松永久秀

―― 生涯 ――

１５０８年、誕生。官名の「弾正」の名で知られ、将軍・足利義輝の殺害、東大寺焼失の経緯から「日本三大梟雄」のひとりに数えられる。三好長慶に右筆（書記）として仕官して頭角を現し、大和国の大半を支配下に置いた。上洛した織田信長に仕えるが裏切りを繰り返し、１５７７年10月10日、織田軍に居城を包囲され自害したとされる。享年68。

信長のプロトタイプ

本郷　先ほど少し話に出た松永久秀《まつながひさひで》ですが、僕はなんとなく小型の信長みたいな気がしているんですよ。

中野　どちらかというと、久秀が信長のプロトタイプみたいな感じですかね。

本郷　久秀は、歴史に登場してくるまでは、なにをやっていた人かわからないんです。最初は文官として出てきたんですね。

中野　文官とは意外ですね。

本郷　三好長慶《みよしながよし》に仕える文官、官僚として出てくるんですけど、官僚ながらもなにか妙に武将として優れてるところがあったんですね。そして、いつの間にか荒事も平気でこなすようになります。

中野　器用な武将ですね。

本郷　非常に何でもできる人で、下剋上の見本みたいな人ですよね。

中野　そうですね。ただ、**ソシオパス**的かもしれないですけど。

本郷　「性の聖典」みたいなエッチな本まで書いていますしね。そういう意味で言うと、人生を謳歌するっていうか、楽しみを追求する人だった。

中野　茶人としてはどうですか。

本郷　茶人としても大変優れている人ですし、先ほども言いましたが、都市・奈良を支配するための多聞山城《たもんやまじょう》に天守閣や多聞櫓を日本で最初に造ったのもこの人だといわれています。美的感覚でいうと、建築は総合芸術として美術品のなかでもとくに高位にあるらしいんです。みんなに見せるものですし、神の怒りに触れて崩壊したバベルの塔のように権力の象徴でもあるわけです。

中野　その時代の支配的な物の考え方の象徴だったりもしますよね。

本郷　そういう意味でいうと久秀は非常に、おもしろいですね。だけど、最終的に平蜘蛛《ひらぐも》の茶釜《ちゃがま》を差し出せば命は許すと信長に言われたのに、「平蜘蛛の茶釜は渡さん」と言って死んでしまった。

中野　あの爆死事件というのは実際にあったんですか。

本郷　これは非常におもしろくて、明治時代の錦絵が残っているんです。その錦絵には久秀が、「平蜘蛛の茶釜を壁にぶつけて木端微塵《こっぱみじん》にして死ぬ」という場面が描かれている。それが、いつ誰が言ったのか、「火薬を茶釜に詰めてぶっ飛ばした」という話になっていくんです。

最初、僕は司馬遼太郎かなと思ったんですけど、南條範夫かもしれない。こういうことって、よくあるんですね。いつの間にかに新たな伝説が生まれていたというのは。

中野　話が盛られている。

本郷　そんな感じでしょうか。だから、最初は平蜘蛛の茶釜をぶっ壊したということなんでしょうね。平蜘蛛の茶釜をぶっ壊して久秀も死んだ。ところがいつの間にかもっと劇的に、首に火薬を詰めた平蜘蛛の茶釜をぶらさげて爆死したという。

もっと言うと、平蜘蛛の茶釜と称する茶釜が、浜名湖の畔の美術館に残っているんです。これもどう理解すべきかわかりませんが。だけど、将軍を殺したり、東大寺の大仏を焼き払ったりしたのは、サイコパスの話と同じで全然恐れずにやってしまう。

「神も仏もあったものじゃない」ということです。そのあたりは信長を思わせるところがあるわけですが、久秀は美と性に対しても明らかに興味をもっています。

中野　そのあたりのこだわりが、信長とは違うんでしょうね。そこが、ソシオパスとサイコパスの違いなのではないでしょうか。

本郷　せっかくですので、ここでもう少しソシオパスについてご説明いただけますか。

中野　ソシオパスとサイコパスに現れる特質はほとんど一緒なんです。「共感性を持たない」「失敗は人のせいで自分のせいにはしない」「人が物のように見えている」「行動が計算ずくだ」「楽しみを人生の第一義としている」とかでしょうか。

本郷　ソシオパスも一応楽しみは人生の第一義なんですか。

中野　そうです。そこはサイコパスも同じなんです。ソシオパスとサイコパスの違いは「先天的」か「後天的」かの違いというふうに定義はされているのですが、心理学的にどういう物質がその二つを分けるものかというのは、今も議論があるところで、そんなに研究は進んでいません。アメリカの精神医学会が発行している『ＤＳＭ－５　精神疾患の診断・統計マニュアル』でも分かれているわけではないんですね。二つとも一緒に、反社会性パーソナリティ障害というカテゴリに入っているんです。

ただ、もっとも生理的な特質として、ソシオパスとサイコパスの違いというのは美的な感覚と倫理的な感覚が、生まれつきあるかないかなのです。

本郷 美に執着するかしないかということですか。

中野 そうですね。その人の着ているものとか、異性の趣味を考えると、信長は非常に計算して演出的にそうしていた可能性があり、ソシオパス的ではないなと感じるんです。ですが久秀の場合は、美へのこだわりが本当に強かったとしたら、ソシオパス的だと考えられます。

本郷 なるほどね。僕は久秀は奈良を愛していたと思うんです。奈良の美に魅せられていた。ところでサイコパスとソシオパスは、惹かれ合うものがあるんですか。

中野 似た者同士という感じはあったと思います。ただ、サイコパスもソシオパスも、どちらも共感能力をもっていない。つまり、「自分たちが人間一般の世界からはちょっと違う存在だ」と、思っていたりするわけです。

本郷 そうすると、「あいつ、俺と感じ方が似ているな」という程度ぐらいですか。

中野 おそらくそうでしょうね。

本郷 だから、久秀は信長を裏切りますが、信長は平気で久秀を許します。すると、久秀も悪びれることなく、信長の元に戻ってくるんですね。そして、また裏切るんです。

中野　その感覚は、理解できたんじゃないですかね。だから「それを優先するんだったら、これは裏切るね」という納得感が信長にはあったかもしれません。

本郷　裏切りの肯定みたいなことがあったのかもしれませんね。「これじゃあ俺が久秀でも裏切るかもしれない」と信長も思ったんでしょうね。

中野　信長はそう思ったんでしょうね。あとは裏切りに対して処罰を行っても抑止力にはならないと感じたら、なおさら信長はそうしないと思います。

本郷　だから最後の「平蜘蛛の茶碗を差し出せば命を許す」っていうのは、形の上だけでも、「頭を下げたら許してやるよ」ということだったんでしょうね。

中野　ただ、久秀に美へのこだわりがあったとしたら、信長もその点だけは自分と異なる点であり、見抜けなかったのかもしれないです。

◎中二病をこじらせたパラノイア

豊臣秀次

―― 生涯 ――

1568年、誕生。浅井家家臣・宮部継潤を調略する際の人質（後に養子）を経て、三好康長の養子となる。秀吉に従い四国征伐などで武功をあげると、秀吉の実子・鶴松の死後には秀吉の養子となり関白に就任する。だが秀吉に二男・秀頼が誕生すると関係が悪化。高野山に追放された後に自刃を命じられ、1595年7月15日、切腹。享年28。

「二世タレント」の過剰な自己評価

本郷　後付けの可能性が高いのですが、殺生関白といわれた豊臣秀吉の甥・秀次《ひでつぐ》は農民を殺したり、辻斬りをしたという残虐なエピソードが残されています。

中野　やはり秀吉でしょうか。

本郷　おそらく秀吉がでっちあげたんだと思います。それにしても、秀次は奥さんが多い。

中野　そうですね。どうしてですか。

本郷　いや、ただ女性が大好きだったんじゃないですかね。しかも極悪非道なことに、〝親子丼ぶり〟まであるんですよ。母親のほうは一《いち》の台《だい》といって、才色兼備の素晴らしい女性なんです。菊亭《きくてい》家という大臣になれるような名家のお姫様です。この人が秀次か

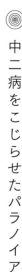

ら「ぜひ妻に」と請われます。

基本的に正室扱いだったのですが、その一の台が嫁ぐ時に連れ子をともなっていて、秀次はその連れ子にまで手を出したというんです。そういうのはどういう心理なんですか。

中野　児童福祉士に通報したい感じですね（笑）。

本郷　もう、「おまわりさん、こいつです！」ですね。

中野　すごいですね。**男性ホルモン**が過剰、という感じの人なんでしょうね。

本郷　この場合は、ただスケベなだけなんでしょうか。この人は、なで斬りをしたり、奥さんがたくさんいたり、ということで注目されがちです。しかし、僕が気になるのは、豊臣秀吉の後継者として自分の実力以上のものを与えられた、期待された人だという点です。

秀吉にしてみると、自分の血を引いているのは秀次しかいないわけですね。もうひとり、小早川秀秋《こばやかわひであき》もいますが、秀秋は北政所《きたのまんどころ》、つまり秀吉の奥さん方の血ですよね。だから秀吉の血と近いのは、お姉さんの子どもであるこの秀次しかいないわけです。秀吉には子どもがいなかったわけですから、天下人の後継者ということをずっと期待されているんです。
次の天下人候補として周囲からチヤホヤされるということが、どういう形で人間性に出てきてしまうのかなということが気になっているんですね。

中野 今でいう芸能人の子ども、二世タレントが起こす事件と似ているところがあるかもしれません。

本郷 ただ、秀次の場合は実の子ではなく、甥ということでワンクッションあるんですね。

中野 秀次は被害妄想とかってあったりしました？

本郷 それはあるんじゃないですか。

中野 伊達政宗の話のなかで、**潜在的自己評価**と**顕在的自己評価**の話をしましたよね。潜在的自己評価と顕在的自己評価のバランスが悪い場合、潜在的自己評価が低いと**ナルシスト**になります。逆に顕在的自己評価が低いけど、潜在的自己評価が異様に高い場合は、**妄想症のパラノイア**になるとする考え方があるんです。

本郷 パラノイアになってしまうんですか。

中野 顕在的自己評価は低く潜在的自己評価が高すぎるというのは、自分を特別だと思っているんですが、自分は秀吉の甥というだけで、その秀吉も元々は身分が高かったわけではなく成り上がりである。みんなからそう思われているということもわかっている。でも自分は特別だと信じていて「不当に低く扱われるのはなぜだ」と被害妄想的になっていくという理屈です。

本郷　どこかでプライドみたいなものが高くなっている。

中野　プライドが高いと表現できると思います。

本郷　非常に不思議だったのは、秀吉に実の子・秀頼《ひでより》ができますよね。その時に、秀吉は秀次にものすごく配慮をして、「日本の5分の4はお前にやるから、5分の1を秀頼にやってくれないか」と下手に出たわけですよ。ところが秀次は撥ねつけてしまうんです。「俺はもはや天下人、関白なんだから」と。この秀吉が妥協案を出した時、なぜ秀次は、ある程度のところで折り合いをつけることができなかったんだろう、というのが僕の大きな疑問なんです。

中野　普通はそういう計算をしますよね。

本郷　そういう計算ができないっていうのは、あまり頭がよくなかったってことですか。

中野　ええ、そうだったんだと思います。

本郷　普通に頭が悪くてエッチだった、そういうことなんですか。

中野　はい、頭が悪いか、誰かにそそのかされたか、本気で秀吉に勝てると思っていたのか。

本郷　お坊ちゃま育ちの人って、環境がその人を馬鹿にしてしまうこともあるんですか。

中野　もちろんあります。精神の安定性という意味では環境は変わらないほうがいい。ただ、知能だったら環境が変わったほうがいいです。複数の価値基準があるところを経験するほうが、頭はよくなる。

本郷　すると、秀次の場合は、貴公子としてずっと後継者候補の上位にいたわけですね。だから大事にはされていたわけで、みんながチヤホヤする。そうなると、もともとの素質は優秀でも馬鹿になってしまうんですか。

中野　なると思いますね。

本郷　やはりそうなんだ。そうすると、「かわいい子には苦労をさせろ」とか、「苦労は買ってでもしろ」というのは、案外当たっているんですね。

中野　器だけ大きくても中身が入ってなかったら無意味ですよね。

攻撃性と誇大妄想をもつパラノイア

中野　ただし、秀次が先ほど説明したパラノイアだった場合は違ってきます。パラノイアの特徴としてあるのが「異常な支配欲」なんです。１００パーセント支配しないと気が済まないんですね。

本郷　そうか、気が済まないんだ。秀次の立場で合理的に考えると、「甥の俺より倅の秀頼のほうがかわいいよな」「俺は関白だけど、実際に権力を握っているのは叔父さんだから、叔父さんを怒らせたら俺は殺されるかもしれない」ということになりますよね。だったら、「秀頼殿を俺の養子とかにしましょうか」とか秀吉に申しでて、秀頼を自身の養子にして、「俺の次の天下は秀頼殿でいいですよ。そのかわり俺は中継ぎとして頑張ります。秀頼殿が天下を取った暁には俺もそれなりにいい暮らしをさせてください」と、何で言えなかったのかなって思ってしまうんです。

中野　秀次がパラノイアと考えると説明がつきそうですよね。まあ、そういうふうに振舞ったっていう記録が、秀吉側が作った記録というわけでなければですが。

本郷　ただ実際問題、秀次がそれなりに譲歩していれば歴史は変わっています。まあ、秀次が非道で残酷な振る舞いをしたというのは後付けなんでしょうから、そのあたりは少し考慮しなければいけないと思います。ただ、秀吉があそこまで怒り狂ったってことになると、まったくなにも譲歩しなかったんでしょうね。

中野　やはり頭はよくなかった。

本郷　だけど、プライドだけは高かったということですか。

中野　パラノイアだとすると、「異常なプライドの高さ」に加え、「激しい攻撃性」と自分は超人だと思っている「誇大妄想」があったとも考えられます。

本郷　それって今ふうに言ってしまうと〝中二病〟みたいな感じですかね。まさに中二病をこじらせ、年を取っても――。

中野　治ってないんでしょうね。自分は特別な存在であって、自分のことを誰かが攻撃しているというふうに思ってしまう。そういう妄想に取りつかれていたのかもしれません。

本郷　若い頃から秀吉のもとにいて、「お前が後継者だ」というようなことを言われているわけです。しかし、その後継者というのは、「叔父さんのところに子どもができたら一挙に崩れる」という不安定な立場に置かれていたわけでもあります。そのあたりが、精神的にものすごいプレッシャーというか、ストレスになっていたんではないでしょうか。そういうストレスが「じつは俺だって相当なもんだぜ」みたいな、潜在的自己評価が高くなった要因とは考えられませんか。

中野　その可能性はあります。不安定な状況だからこそ自分で自分を鼓舞するため不安を「解消するような行動」に出るか、それとも「認知的にその不安を解消」するのかとなります。認知的に不安を解消するというのは、「俺は特別だから大丈夫」と自分の認知を歪めてしまう。

本郷　自分に納得させる。

中野　はい、そういうことになります。まったく合理的ではないけれども、心の状態としてはありえる。秀次はそういうふうに育ったのかもしれないですね。

本郷　可哀想な人ですね。

中野　可哀想ですが、ありうることです。

本郷　秀次は近江八幡に城をもっていたんですけど、地元での評価は意外に高いんですね。いわゆる名君といわれているんです。ただ、こういう話もパターン化されているので、本当のところはよくわからないのですが。小早川秀秋も岡山では、町造りをした名君といわれていますしね。

中野　おらが村の代表ですからね。みんないいと思いたいんです。あと人間の集団では個人で決めた決定より、集団で決めた決定のほうが慎重でより安全志向になるという**コーシャスシフト**が起きるのです。「やっぱりあいつ、おかしいっすよ」と村で言ったら、村八分に遭いかねない。それは**集団的極性化**といって、クローズドな環境では起こりやすい現象なんです。

本郷　パラノイアの人には、残虐性はあるんですか。

中野　すごく残虐です。さらに人のせいにするんです。

本郷　そうすると、スイッチが入るといっぱい人を殺しちゃうっていう「なで斬り」とかを行うこともありうるわけですね。ただ、そういう人ってサイコパスじゃないから、あとですごく後悔するんじゃないですか。サイコパスは絶対に後悔しないですよね。

中野　サイコパスが後悔することがあるとしたら、「自分の計算が間違ってなにかヘマをしたり」「悪行がばれた」時でしょうね。

第3章　女の選び方と異常性愛

◎確実に子孫を残す生殖戦略

徳川家康②

夫以外の男の特徴が遺伝する「テレゴニー」

本郷 以前のお話にも出ていましたが、徳川家康《とくがわいえやす》は辛気臭い。実際にあんまりモテなかったようです。ただ、女性関係の変遷がおもしろい。ともかく最初は大の熟女好きなんですよ。

中野 そうですよね。人妻とか、経産婦。

本郷 僕は最初、家康は、「寝とり好き」なのかなって思っていたんです。しかし、どうも違うようです。家康は徳川家の安泰のためを思って、そういう女性を選んでいた。

中野 「実績のある女性」を選んでいたということでしょうね。

本郷 そう、ひとりでも子どもを産んだことのある女性だったら、必ず自分の子を産んで

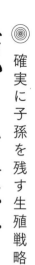

くれるだろうっていう。

中野　じつはこれはサルのような選び方です。若いメスが好きなのって霊長類では人間くらいなんです。他の霊長類は、熟女というか経産婦を好みます。経験のあるメスはモテます。処女で若いメスというのは全然モテない。

本郷　すると、「ロリコン」なんて霊長類としては異様な存在なんですね。

中野　異様ですね。でも、晩年の家康は十代の側室、お六とかをもつんですよね。

本郷　そう、ある時から突然、熟女好きをやめて、ロリコンに走るんですよ。

中野　不思議ですね。もう家のためには子どもを作ったから、あとは自分の趣味に走ろうという判断なんですかね。

本郷　もしかしたら以前からロリコンだったのかもしれないですけど。

中野　本当はロリコンだったんですかね。

本郷　でもおもしろいのは、家来に自分の愛した女性を下げ渡すんですよね。

中野　自分のお手付きの女性を褒美として渡すっていうのは、霊長類に独特の行動と考えられますが、社会的地位の違いを強制的に相手に認知させようとする行為ですよね。

本郷　褒美として、本多正純《ほんだまさずみ》に渡されちゃった女性がお梅さんっていうですけど。

中野　諸田玲子先生が小説『梅もどき』で書かれていますね。

本郷　そう、あの女性です。それから、井伊直政《いいなおまさ》の奥さんもそうだと思える節があるんですよ。井伊直政は奥さんに対して異様に気を使うんですよね。でも、どうして奥さんに対してそうするのかはわからない。ただ、直政にはひとりだけ愛人がいたんです。しかも同時に、正室と愛人に子どもを産ませているんです。ひとりずつね。ところが直政は、その愛人と子どもを絶対に自身の居城・高崎城に入れないんです。また、父親として子どもに対面もしないんです。そこまでやるってことは、よほど正室に気を使っている。それはなぜかと考えると、正室が徳川家康のお手付きだったんじゃないかという推論が成り立つんです。そうとしか、僕には考えられない。

中野　おもしろいですね。そういう組織のコントロールを、彼はしていたんですね。

本郷　家康は、女性を下げ渡しする。そしてもうひとつ、これは精神分析には関係ないかもしれないですが、築山殿《つきやまどの》が正室だった時期ですけど、側室をひとりしかもたないんです。長男の信康《のぶやす》が生まれ、二男の結城《ゆうき》秀康《ひでやす》については、そもそもそんな奴いたっけな的な感じで自分の息子として認めなかった。そして、三男が跡継ぎの秀忠《ひでただ》です。この秀忠と長男の信康は20歳くらい年が違うんです。その間に女子はというと、築山殿に産ませた亀姫《かめひめ》と側室に産ませた督姫《とくひめ》だけなんです。ではそれ以外、「なにしてたの家康？」ということになりませんか。だって、築山殿とは別々に暮らしていたわけです。ひとりいた側室もさほど大切にしてない。当初、その側室のことをすごく愛していたのかとも思ったのですが、側室の老後の面倒とかもあまり見てないんです。

そうすると、僕がひとつだけ可能性があると思ったのは、「家康は若いうちは男が好きだったんじゃないかな」ということです。家康の男色については、あまり話題にされませんが。そのひとりが、井伊直政です。

中野　家康の男好き遺伝子が、受け継がれて家光《いえみつ》に出ているんでしょうか。

本郷　どうなんですか、そのへんは。

中野　じつは**同性愛の遺伝子**というのもあるんですよ。

本郷　そうすると、おじいちゃんから孫へということも考えられるんですね。

中野　この同性愛の遺伝子は、ショウジョウバエで見つかっていて――。

本郷　え、ショウジョウバエですか。

中野　人間でも、性的指向が遺伝的な影響を受けることを示す証拠は複数見つかっています。少なくとも多くの科学者は、性的指向は分子レベルで制御されていると考えています。同性愛については、おおまかに分けて二つの考え方があるんです。「女性の体内にいる時に性的指向が決まる」というものと、「元のそういう遺伝的な素質があって、同性愛になる」というものです。実際は両方の可能性が複合的に働いてその人の嗜好が決まっていくと考えるのが妥当だと思いますが。

ショウジョウバエで、ある遺伝子の場所を改変してやると、オスのショウジョウバエはメスを追いかけなくなります。メスを追いかけなくなったので、その遺伝子は**satori原因遺伝子**と命名されたんですが、悟りだと思っていたらメスは追いかけないけどオスを追いかけるということがわかったんです。そして、これは同性愛の遺伝子かもということになったんです。

本郷　そういう遺伝子もあるんですね。

中野　そうなんです。それと、これはトンデモとされている考え方ですけど**テレゴニー**ってご存知ですか。

本郷　初耳です。何ですかそれは。

中野　テレゴニーは、例えば、結婚しているカップルがいたとします。結婚しているカップルの奥さんが子どもを産みました。二人が付き合っている期間を考えても、他の男の子どもではないんですが、どうも、「昔付き合っていた男と似ている」ということがあったとします。これって19世紀半ばごろまで信じられていた話で、以前付き合っていた男の特徴が子どもに現れることをテレゴニーというんです。

1回交わったことがある人に似るということを、昔から多くの人が信じていたわけですね。今はトンデモとされてるんですが、「もしかするとトンデモでもないかもね」という論文が最近いくつか出されてきているのです。

本郷　えっ、どういうことですか。

中野　例えば、オスのマウスが高血圧を患っていると、メスのマウスには高血圧の素因がなくても、高血圧の素因があるオスの子をいったん身ごもった場合に、メスのマウスは妊娠高血圧の性質をずっともち続けてしまうという報告があるんです。

それは、胎盤を通じてそのオスのDNAが、そのメスのなかに混ざるからだという解釈で、その性質はずっと子どもまで続くっていうものです。そのオスとの関係が続いているわけじゃなくても、メスの身体が、その性行動ないしは妊娠したということで変わってしまうという考え方なんですね。

本郷　すごいですね。

中野　ちょっと荒唐無稽な話ですよね。ただ、これが人間には起こり得ないと証明されきったわけではないのです。

本郷　でもそれは、妊娠までいかないと駄目なんですか。

中野　妊娠までいかなくても、「なにかあるかもね」という話もあります。**マイクロキメリズム**といいますが、粘膜接触でも細胞の混入が起こって、本来ないはずの遺伝子が母体に獲得されるという現象がヒトでみられるというのです。粘膜接触でいいなら、避妊具なしのセックスやキスで起こるということになる。となると、同性間でも起こる可能性があります。

本郷　男には子どもを作ることに、ある種の目的意識みたいなものがあるんですか。

中野　やはり征服欲ではないでしょうか。自分の領域を増やしたいって気持ちが大きいのでは。

本郷　じゃあ、サルと一緒ですか。サルとか、ライオンとか。

中野　一緒ということになります。

本郷　だから自分の種じゃない、子どもを殺してしまうということが起こるのですか。

中野　チンパンジーの子殺しは有名ですよね。自分の遺伝子をより効率的に残すためには、自分の遺伝子ではない子どもがいると障害になるので殺すということです。

本郷　つい昨日、読んだばかりの週刊誌に出てた記事なんですけど、最近の男の人って、例えば、「奥さんがどうも浮気しているらしい」ということで探偵に調査を依頼する。すると実際に黒だった。「残念ながらあなたの奥さまは浮気をしています」、さらに「奥さまのお腹に、子どもがいますけれど、それはあなたの子じゃないかもしれません」と言われたとします。その時、ご主人は何というかといえば、高確率で、「調査のことは、妻には言わないでくれ」と。「私は、婚姻関係が破たんするのを望んでいない」と言うそうなんです。

そして、「その子が僕の子じゃなくても、僕はその子を自分の子だと思って育てます」と言う。ちなみに、そういう夫以外の子どもを身ごもる女性を「托卵女子《たくらんじょし》」って呼ぶらしいんですね。

中野　もうすでに名前がついているんですね。

本郷　だから、女の人は割と平気で、そういう残酷なことをするんですって。

中野　これは調査が複数あって、国ごとに少し違うんですけど、100人にひとりから、4人にひとりという高確率まで、夫の子でない子どもを育てている女性の割合っていうのが数字として出ています。

テレゴニーは、「なんか前つき合っていた男に似ているような気がする」という考えが、男性側の嫉妬心や不安から生まれてきて作られた概念かもしれませんが、なんらかの生理学的な要因が絡んでいる可能性もありうるんです。多分、経験的にあったんでしょうね。

本郷　昔の人にはＤＮＡの知識とかがないわけですからね。

中野　我々の形質を受け継いでいく〝データの容れ物〟って、塩基配列だけではないんです。その塩基配列の、「どこを読み取るか」「どこが先に発現するか」など、発現する時の環境要因、順番とかも関わってくるわけですね。その部分は、まだわかってはいないことが非常に多いのですが、そういうところに影響を受けている可能性はあるんです。

男性が選択する二つの生殖戦略

中野　先ほどの托卵女子と托卵される男子の話をします。女子側の遺伝子を残す戦略としては、「なるべく、たくさんの子どもを産む」ということになりますが、男性側の戦略は2種類あり、ひとつはたくさんばら撒くというやり方です。そして、もうひとつは、「第一子目は育ててあげる。けれども、その育てた実績を認めて、第二子、第三子は俺の子どもを作ってください」という戦略があるんです。

本郷　えっ、第一子目は育ててあげるというのは、他の男の子どもをですか？　それって、まさに家康じゃないですか。

中野　そう、子どもを一緒に育てた実績を作って「第二子、第三子はぜひ俺の子を」とやる戦略です。

本郷　「俺の子どもを産んでくださいませんか」とはまさしく家康です。子どもを産んだ経験のある後家さんを——。

中野　好んで自分の妻、側室にしたわけですね。

本郷　「子どもをひとり産んだ時が、女性は一番きれいで美しい」と言う人もいます。「女性本来の美しさと、母親になった美しさがミックスされて、一番美しくなる」ということですよね。だから、そういう子連れの女性をお嫁さんにしたら、あっという間に家庭ができるんですよ。

中野　そうですね。母となる人の受胎能力もあらかじめわかり、どんな子どもが育つかのサーベイ（調査）もかなりの水準でできる。優秀な子孫が欲しい場合には、効率の良い方法ですね。

本郷　だいたい自分が好きな女性が産んだ子どもだったら、かわいがれるんですよ。

中野　私の周りでは高学歴の方、キャリア官僚などにそういうことをおっしゃる方が多いですね。これは賢い戦略なんだと思うんです。「数打ちゃ当たる」では、どんな子どもが生まれるかわからない。そんな雑な戦略ではなくて、実績のある女性に自分を信用してもらい、確実に子どもを残す方法としてすごくいい戦略なんだろうと思います。

本郷　あと変な話、例えば2、3歳の女の子がいるとするじゃないですか。でもそれを見た時に、「この子、将来美人になるかもしれない」とかって、一発でわかりますよね。これはウラジーミル・ナボコフの小説『ロリータ』とかじゃないですよ。でも将来美人になるかもしれない子が自分の娘だったら、俺、みんなに自慢できると思ったら、いいですよね。

中野　確かにね。それにその子どもの形質として発現してくるもののうち、どちらが父親由来でどちらが母親由来かということを調べたマウスの実験だと、知能に関する領域はけっこう母親側由来だというんです。知能に関する領域はメスに似ることが多く、消化器や生殖器系はオス由来のことが多いらしいんですね。だから健康であるとか、性行動とかですかね。

本郷　あの昔からよく言われている、「男の子は母親に似るし、女の子は父親に似る」というのは科学的には違うのですね。実際のところ、どうなのでしょうか。

中野　性差はあると思います。ただ、先ほどのマウスを使った実験と、この子どもマウスはオスなので、メスの子どもマウスでもう一度調べてみればわかるかもしれません。こうした知見を信頼するなら、母親が産んだ子どもを見て、その子がいい子であれば、「俺の子もいい子に産んでくれるかも」と男性は考えてもよいわけです。

本郷　それはそうですよね。レストランやイベントに行った時に、3歳くらいですごくいい子がいたら、「僕、この子なら自分の子どもにしたい」と思いますもの。

中野　「お母さんはどんな人だろう」って思いますよね。子どもを見て女性を選ぶっていうことは、理にかなった戦略です。

本郷　これからますますそれが流行するかもしれませんね。相手がどんなヤンキーでもかまわないから、女性にはとりあえず若いうちにまずは子どもをひとり産んでいただいて、そのあとでいい男を捕まえてほしい。だいだい先ほど中野先生がおっしゃっていたように、高学歴男性はそれに弱いから。

中野 意外とね。あまりクローズアップされることはありませんが。

本郷 そうですよ。ニュースなんかを見ていると、連れ子をいじめるのって、だいたい旦那が元ヤンみたいな奴ってことが多いじゃないですか。

中野 駄目男ですね。

本郷 駄目男ですよね。僕もその戦略をとっておけばよかったかな。奥さんに、先に子どもをひとり産んどいてもらえばよかった。

中野 まあこれは、テレゴニーという考え方と、それにまつわる話でした。

本郷 それなんですかね。今も昔も「寝とらせ」なんていうものがありますからね。家康もそうですよ。本多正信《ほんだまさのぶ》っていうのが家康の参謀にいるんですけど。

中野 先ほどのお梅ですね。

本郷 そう、お梅です。本多正信の倅が本多正純。元和《げんな》8（1622）年に「宇都宮釣天井事件」で失脚してしまうんですけど、正純は家康の側室だったお梅さんを妻にもらっていて、そのままお梅さんとは添い遂げるわけですね。

それからあと、将軍家光の懐刀の〝知恵伊豆〟こと松平信綱《まつだいらのぶつな》の義理の父親で、松平正綱《まさつな》という人物がいました。江戸幕府において、財政が得意な若手官僚みたいな人物です。豊臣政権だと長束正家《ながつかまさいえ》みたいな立場なのですが、その正綱に家康は自分の気に入っていたお勝（梶）の方を娶らせるんです。ところがお勝の方は、「正綱じゃ物足りない」と言って家康のところに戻ってくるんですよね。

これ、楽しくてしょうがないじゃないですか？　家康はお勝の方と二人で、「おい、お前、正綱はどうだったんだ？　ん？」とか言って、「やっぱり私、殿のほうが――」みたいな話を聞いた時の、家康の満足度ったらないでしょうね。

中野　もうなんか、ニタっと。

本郷　ニタっとしてね。そして、そのお勝の方は、すごく聡明な女性だったらしいんですけど、ひとりだけ産んだ女の子が育たなかったんです。すると、家康の最後の息子だった水戸徳川の頼房《よりふさ》を「お勝の息子にしよう」ということになり、お勝は頼房の養母になるんです。ですから、あの黄門様・徳川光圀《みつくに》もお勝の方の影響を受けているんです。だから一番かわいそうなのは、松平正綱なのかもしれません。

◎ 妄想をふくらませたボーダー気質

細川忠興

― 生涯 ―

１５６３年11月13日、丹後国の細川幽斎の嫡男として誕生。織田信長に従い、信長の嫡子・信忠から一字をもらい忠興を名乗る。明智光秀の娘・玉（ガラシャ）を妻に迎えたが、本能寺の変後に玉を離別して父とともに剃髪。秀吉に許されると再び玉を輿入れさせた。関ヶ原での武功により豊前、豊後の太守となる。１６４６年12月２日病没。享年83。

妻に起因した「境界性パーソナリティ障害」

本郷　細川忠興《ほそかわただおき》はどうしようもないおかしな人ですよね。家臣を36人も手打ちにしたという短気でキレやすい性格。さらに妻・ガラシャを見つめたというだけで庭師の首を落とすなど、妻に対する異常なまでの嫉妬心をみせています。ちなみに、お茶の世界の書き物で、「日本一短気な人」って書かれている（笑）。

客観的に観察すると、やはり短気だったんでしょう。でも生まれはいいわけです。加藤清正《かとうきよまさ》や福島正則《ふくしままさのり》に比べると抜群のお坊ちゃんですよね。お坊ちゃんで奥さんもきれいです。この人は、奥さんのガラシャにたくさん子どもを産ませているんです。その上で、奥さんに対して、ストーカーの極みみたいなことをしている。

中野　これは、ちょっと異様な事件ですよね。

本郷　また、奥さんがキリシタンになったことで、ほとんど常軌を逸したくらいキレまくる。

中野　もう、ガラシャも嫌になっちゃうでしょう、こんなヤンデレ夫。忠興って本当に扱いにくい人ですよ。

本郷　やはり、ヤンデレなんですかね。僕らの世代でヤンデレっていうと何となくわかるんですけど、ヤンデレは、ちゃんとした学術用語ですか。

中野　違います（笑）。

本郷　では、学術用語だと何ていうんですか。

中野　**境界性パーソナリティ障害**といったところでしょうか。英語では、borderline personality disorder というので、「ボーダー」と略して呼ぶ人もいます。「君が僕のほうを向いてくれないなら死んでやる」みたいなことを言う人たちですね。

本郷　そうなんですね。では、「死ねば」って言われたらどうなるんですか。

中野　死ねばって言われても、死なないんですよ。死なないように自分を傷つけて、相手を心配させる。心配した相手を見て、自分は安心する。

本郷　それは、気色悪いですね（笑）。

中野　気色悪いというより、怖い。

本郷　このヤンデレは、知能とは関係ないんですか。

中野　こうした振る舞いに知能は関係ありません。ただし、不安傾向がものすごく高い。そして、不安傾向の高い人には優秀な人が多いんです。不安だから常に準備をする。だからテストの成績もいい。その人のポテンシャルとしての知能が高いかどうかは、何ともいえないですけど。

本郷　だけど不安に対しての備えをしていれば、自然と後天的に優秀になる可能性は高いということですね。忠興は、そういうタイプかもしれませんね。

中野　やはり優秀な人だったんですか。

本郷　非常に優秀でした。この人の客観的な評価だと「文にも武にも優れている」。人としてのポテンシャルは非常に高かった、ということは間違いありません。しかし、それが奥さんのことになった途端に、どうも人が変わったように危ない人になるんです。

中野　怖いですね。境界性パーソナリティ障害の疑いは濃いです。

本郷　あ、そうなんですか。

中野　はい、境界性パーソナリティ障害とは簡単にいうと「自分に関心が向いてないと、不安で不安でしょうがない」というものです。

本郷　それは奥さんがですか。

中野　自分が関心をもっている人がですね。自分が「この人」と思った人がです。

本郷　すると対象が父親ということもあるわけですね。

中野　親がそういう対象だったらそうですね。

本郷　忠興の父親は、細川幽斎《ゆうさい》です。幽斎も文武に優れた非常に優秀な武将でした。その父親に認めてもらいたいと思っていたとする。例えば父親が自分を見てくれないとなると、弟に当たるとか、そういうことですよね。

中野　そうです。

本郷　忠興は大大名になりますけど、弟にはなにもあげませんでした。

中野　なにかわだかまりがあったんですね。

本郷　さらに息子も平気で殺しています。しかし、ちょっと信じられないのは、ガラシャが産んだ男の子が3人いるんですが、結局三男の忠利《ただとし》を跡継ぎにするわけです。最初は長男の忠隆《ただたか》を跡継ぎに据えていて、世間にお披露目も済んでいました。しかし、慶《けい》長《ちょう》5（1600）年に勃発する関ヶ原の合戦の直前に忠隆の正室だった千世《ちよ》が、挙兵した石田三成《いしだみつなり》から人質になるよう迫られたガラシャを捨てて実家の前田屋敷に逃げてしまった。ガラシャはこの時に自刃してしまいます。この件で、忠興は激怒し、「そんな嫁を持ってるお前は、跡取りにふさわしくない」と言って、跡取りの地位を剥奪するんです。

中野 ガラシャへの執着ですかね。

本郷 執着、ガラシャが死んだあとでもですか？ 徹底してますね。忠興の執着が僕らと同じ執着ならば、「こうなるとガラシャが死ぬかもしれない」と考えたら、「身代わりを立てる」とか「抜け穴を掘る」とか、事前に色々対策を講じられますよね。でもそういうことはしていない。もしかすると、「他人の目に触れさせるくらいなら、ガラシャを死なせたほうがマシ」ということなんでしょうか。

中野 そう思っていたかもしれないですね。

本郷 「俺のものじゃなくなるんだったら死んでもいい」。ただこの、「俺のものじゃなくなる」というハードルが非常に低いじゃないですか。

中野 それは、ガラシャが自分の一部だと思いたい欲求が強いからです。

本郷　他の人がガラシャを見ることすら許さない。そんなことをする奴は殺す、というのはどういう精神なんでしょうか。

中野　部屋にアイドルのポスターを貼ったら激怒する夫みたいな感じですかね。

本郷　なるほど。妻がアイドルのポスターを部屋に貼ったら激怒して、「なんだこの野郎！　お前、俺以外の男が好きなのか？」みたいなことですか。

中野　そして、〝ベリっ〟みたいな感じです。

本郷　でも、女の人にもいるかもですね。

中野　いますよ。もしかすると女性のほうが多いかもしれない。「今なんか、前の人の足を見てたでしょ」みたいなことですね。

本郷　おっと、危ないですね。気をつけましょう。

中野　しかし、忠興はすごく現代的ですよね。

本郷　忠興は優秀なだけに、合理性みたいなものを身につけていたから現代人に近いんじゃないでしょうか。じつは、ギリシャ哲学を内包するキリスト教に、親近感はもっていたんです。だけど、妻がキリスト教を信仰した途端、キリスト教に女房を取られたような気がしたのかもしれません。

中野 そんなところはあったと思います。

本郷 まあ、気持ちはわかりますけどね。

中野 「お前、キリシタンに男でもいるのか？」というようなことも考えたかもしれませんね。

本郷 勝手に妄想の世界を膨らませて。だとすると、家康にとってみれば、すごく転がしやすい人物なのかもしれませんね。

中野 本当にそうだと思います。家康から見たら忠興なんて、細川家のセキュリティーホール（脆弱性）ですよね。

本郷 しかし、細川家は潰されないでちゃんと残りますよね。

中野 潰したら使えなくなっちゃいますから。

本郷 そうか。すごいですね。ほんと忠興は、危ない人の王様みたいな感じかな。

中野 東大くんとか多くないですか、こういう人。

本郷 そうですね。東大には、結構危ない奴が多いです（笑）。

ガラシャが抱えた「ファザーコンプレックス」

中野　ちょっと強引かもしれませんが、ガラシャも巷でいわれているような聖女だったとは思えないです。ガラシャ自身も、夫を狂わせるなにかをもっていたように思えます。

本郷　なるほど。

中野　お父さんが明智光秀《あけちみつひで》ですからね。信長とあんなことになってしまうお父さんをもって、何事もなかったとは考えにくいと思います。

本郷　ガラシャは、お父さんのことが大好きだったんだと僕は思っています。

中野　それはあるかもしれません。ガラシャは**ファザコン**だった可能性はある。

本郷　光秀は何でもできる人だから、ガラシャが忠興とお父さんを比べることはあったんでしょう。それと、光秀の謀叛が謀叛で終わり、明智家が滅亡する。その原因が細川家だった。要するに細川家が、助けに行かないというか、味方しなかった。あれだけ親しくしていた細川家が味方しなかったっていうのは、光秀にとってものすごく大きいですよね。

中野　光秀は細川家が味方してくれることを織り込み済みで謀叛を起こした。

本郷　でも細川家が味方しなかったから、近畿地方の武士たちは、「あの細川殿ですら味方しないんだから、ちょっと光秀に味方するのはやばそうだな」と思ったわけです。だからガラシャにしてみれば、「私の大好きなお父様があんな死に方をしたのは、こいつらのせいだ」というのはあったと思います。

中野　そうですね。普通に考えるとそう思いますよね。

本郷　また、ガラシャがファザコンだとすると、オジさんも好きだったかもしれない。だから恨みは義父・幽斎に向かないで、むしろ忠興に「あんたのせいよ」となった。そうすると忠興もキレるしかない。悲劇の夫婦ですね。まさに「火宅」だと僕は思うんですが。

中野　これは細川護熙《もりひろ》さんの前では言いにくいですね。もしうっかりこの本をお読みになってしまったらどうしよう。でも、ご感想をうかがってみたい気もします。

本郷　だからガラシャだって、全然死ななくてもよかったのに、夫にあてつけるようにして死んだ。そこにも絶対になにかあったんでしょうね。

中野　相当恨みがあったとは思います。

本郷　相当恨んでいるんでしょうね。ガラシャについては、宣教師のレポートも残っていますが、「こんな聡明な女性に会ったことがない」っていわれるくらい聡明だった。知性のある夫婦なんですよ。でも二人して破滅してしまったみたいなもんだから、私どものような人間にとって、なんか思い当たる節がないでもないみたいな感じでしょうか。

中野　共感しちゃうご夫婦はきっと多いでしょうね。

本郷　ね、やばい。とってもやばい。

中野　夫婦は円満が一番ですよね。

◎

島津忠恒

「報酬予測」でふくらんだ異性愛

―― 生涯 ――

1576年11月7日、島津義弘の三男として誕生。長男が夭折、二男・久保が朝鮮半島で陣没したため後継者となる。伯父・義久の娘で陣没した久保の妻・亀寿を妻とした。関ヶ原の戦いで、島津氏は西軍につくも本領は安堵され、初代薩摩藩主となる。琉球出兵により琉球を薩摩の付属地、奄美諸島を直轄領とした。1638年2月23日、病死。享年62。

義理の父に抑圧された結婚生活

本郷　島津《しまづ》忠恒《ただつね》もおもしろいです。義父・義久《よしひさ》が死んだ途端に不細工な嫁と別居して側室8名を囲って33人もの子をもうけているんです。

島津家を簡単に説明すると、秀吉の九州征伐時に「ごめんなさい」と謝った当主の義久が、頭を剃って龍伯《りゅうはく》と名乗ります。龍伯は出家して一応隠退した形になったのですが、島津家内では権力者として君臨し続けるわけです。龍伯が隠居したあとに関ヶ原の戦いが起こり、退却戦で敵中突撃したのが龍伯の弟・義弘《よしひろ》ですね。この義弘は、本当にすごいおじいちゃんなんですよ。そして義弘の息子がこの忠恒（家久《いえひさ》）です。

龍伯には息子、男の子がいなかったのですが、女の子が3人いました。そのうちのひとり亀寿《かめじゅ》を忠恒が嫁にもらっている。つまり従兄弟同士の結婚ですね。それで忠恒が後継者ということになったのです。しかし忠恒は、伯父で、義理の父親でもある龍伯には全然頭があがらない。ということで、器量の悪い奥さんでも大事にせざるを得なく、側室はもてなかったということだったらしいんですね。

ところが、忠恒が初代の薩摩藩主になったあとですが、義理の父の龍伯が死んだ途端に亀寿とは別居してしまう。しかも、一度に側室を8人囲い、次々に子どもを作って総勢33人も子どもができてしまうんです。ちなみに、奥さんとは死ぬまで別居。だから離婚ですね。

中野　実質的な離婚。

本郷　ええ、そうです。さらに、忠恒にはおかしなエピソードがあります。

伯父にあたる龍伯は、地元・鹿児島第一主義だったんですね。だけど、「鹿児島ばっかりじゃ、まずいでしょう」と言ったのが、伊集院忠棟《いじゅういんただむね》という島津家の重臣です。この忠棟を秀吉が大変かわいがりました。純粋にかわいがったのか、それとも島津の家中を割るためにわざとかわいがったのかはわかりません。おそらく後者でしょうね。

そして、忠棟は島津の家臣ながらも都城で独立大名のような形でとりたてられるんです。天下人となった秀吉の後ろ盾があるので、島津としては、「こんちくしょう！」と思っていても、忠棟には手は出せない。

ところが、秀吉が死んだ途端に忠棟を伏見の屋敷に呼びつけて、忠恒が自ら斬り殺してしまったんですね。都城では、父親が殺されたということで、忠棟の息子の忠真《ただざね》が反乱を起こします。この反乱はすごく長引き、徳川家康が「まあ、まあ」と仲介に入り、両方の顔を立てる形で収めるんです。だけど島津としたら、いつまた反乱が起きるかわからないので、肝心の関ヶ原の戦いの本戦に1500くらいの兵しか送り込めなかったんです。島津には、1万人くらい軽々と送り込むくらいの力はあるのに、そんなに送り込むと、都城がどうなるかわからないからなんですね。

中野　なるほど、そういうことだったんですね。

本郷　そして、関ヶ原の戦いに1500の兵を送ったんですが、まず東軍の伏見城に入城しようとした。でも城将の鳥居元忠《とりいもとただ》に「間に合っています」と断わられる。それで西軍に属した。そうしたら今度は合戦前日に義弘が石田三成《いしだみつなり》と言い争いをしてへそを曲げてしまい、三成の言うことは聞かない。しかも、退却時に家康の本陣に突撃をかけて、結局生き残って国に帰ってきたのが、30人とか40人とかという状況だったんです。

もうおかしいですよね。

しかも都城の伊集院はみな殺しになってしまうんですが、それも全部、忠恒がやったということになっています。だからもう、この人たちは、『ドラゴンボール』に出てくるスーパーサイヤ人みたいな人たちなんですね。

中野　スーパーサイヤ人ですか。

本郷　根っからの戦闘民族で、やはりなんかおかしいんですよ。朝鮮では、「鬼石曼子（グイシーマンズ）」といわれて恐れられ、文禄《ぶんろく》・慶長《けいちょう》の役なんかでは相当残虐なことをやったんだと思うんですよね。

中野　「鬼島津」と呼ばれるほどの人々ですから、そうなんでしょうね。当時、こういう振る舞いはどうとらえられていたんですか。今の感覚でいうと、ちょっと常軌を逸していますよね。

本郷　当時もそんな感じはありますよね。だけど、「島津だからしょうがない」という話だったと思います。そういえば、大坂の陣の時に、真田のことを「日本一《ひのもと》の兵《つわもの》」って言ったのが忠恒です。まあ真田幸村《さなだゆきむら》（信繁《のぶしげ》）も、「以て瞑すべし」でしょうけど。

だけど、伯父さんが怖いというなかで抑圧された性欲みたいなものが、蓋がなくなった途端にこうもすごい勢いで爆発したりするもんですかね。「もうちょっと、やりようがあるだろう」という気もしますが。

中野 そうですね。亀寿は散々な言われようですが、どれくらい女性としての魅力が低かったんですか。その点について触れている史料があったりするのでしょうか。

本郷 まあ、お父さんに似てしまったんだと思うんですよね。そういえば、伯父さんが怖いから女性に手を出せない、という忠恒のような状況に追い込まれた人が他にもいました。徳川家康の長女・亀姫《かめひめ》を嫁にもらった奥平信昌《おくだいらのぶまさ》で、信昌も側室をもてなかったみたいですね。ただ、亀姫は4人の男子を産んでいます。

中野 武将の妻の務めを果たしているんですね。

本郷 はい、だから奥平家は万々歳。そしてのちに、かの福沢諭吉《ふくざわゆきち》を生む豊前奥平家になります。だけど、義父が怖いと側室は持てないんですね。

中野 そうなんですね。

本郷 義理の父さんが怖いと、どれくらい信念を曲げられますかね。

中野 **報酬予測**という現象は知られていて、実際に物を食べるよりも、「そのものがもう少しで食べられるぞ」という時のほうが、**ドーパミン**の出る量は多いです。だから、実際には手が出せないとなると、実際以上にきれいに見えることはあったと思います。焼き鳥も食べている時よりも、匂いだけ嗅いでいる時のほうがドーパミンが多く出るため美味しく感じられるんです。

本郷　あっ、鰻もそうですね。匂いだけで「白飯3杯はいけます」。

中野　そういう感じです。多分それと同じ現象が何年かの間に起きていたのだろうと思います。

本郷　だからきっと忠恒は、「義久が死んだら見ていろよ」と思っていたんでしょうか。「死んだら俺の天下だぜ」みたいな。

中野　最初から8人とは思ってなかったでしょうけど。あの人もあの人もと思っているうちに、やたらと増えてしまったんでしょうね。

異常な性欲が「家臣統制」につながる

本郷　でもおもしろいのが、33人も子どもを作るじゃないですか。すると忠恒は、その子どもたちを主要な家臣の家に養子として送り込むんですよ。すると結局は「家臣統制」

みたいなことになってしまっているんですね。

中野　なかなかすごいですよね。自分の欲望のままに振る舞っただけだけど、それで家臣団をコントロールし、自分の行動をフォローできている。そういうところは、さすが島津という感じがします。やはり「島津に暗君なし」。

本郷　そう「島津にバカ殿なし」ですよね。さらに、おもしろいのは、「都城戦役」という都城での伊集院氏との戦いを舞台にした『賤《しず》のおだまき』という物語があるんです。この『賤のおだまき』は、幕末から明治の初年に書かれていて、女性が書いたってことになっているんですが、今でいう〝ネカマ〟、作者が女に成りすました男かもしれないです。まあ、ともかく女性が書いたとされるお話なんですが、要するに男色の話なんですよ。

中野　今でいう「BL」、ボーイズラブですね。

本郷　薩摩に評判の美少年がいて、みんなが声をかけるんです。最終的に、みんなが認める知勇兼備の若侍が見事にその美少年を射落とします。そして、射落とされた美少年が、女性のように振る舞うのかなと思って読み進めると、そんなことはなくて、二人は義兄弟になるんです。その時、義兄弟の契りをかわして、「お互いに男らしく振る舞おうぜ」みたいになるんですね。でも結局、二人とも都城の戦いで戦死してしまいます。

多分この物語を当時の男たちはみんな読んでる。だから、森鷗外《もりおうがい》の自伝的小説『ヰ《ウィ》タ・セクスアリス』にも影響を与えているんです。この『ヰタ・セクスアリス』のなかに、「あいつは硬派だ」というような記述があり、「こいつはもうほんとに、硬派中の硬派である」と、森鷗外は書いている。硬派って、一般的には軟派に対する概念じゃないですか。だから今の感覚でいうと、スケベなことには興味をもたない、僕みたいな男が硬派だと考えていたら——。

中野　むっつりスケベではあるかもしれないっていう（笑）。

本郷　違います（笑）。美少年を寵愛するのが、硬派なんです。

中野　なるほど。大変失礼しました（笑）。

本郷　硬派っていうのは男の子を愛する人のことなんです。それで変な話ですけど、『ヰタ・セクスアリス』では、鷗外がモデルとされる主人公と、鷗外の親友でのちに医者として大成する賀古鶴所《かこつるど》がモデルになっている男は、「童貞同盟」を結ぶんです。だから、男の子を相手にしている間は、変わらず童貞のままなんですね。

中野　そうなんですか。

本郷　だから、「さすが島津だな」と思ったんですけど、この話は使えるかな（笑）。でも結構おもしろいでしょ。薩摩では郷中《ごじゅう》教育を行います。今ふうにいえば男の子だけの集団登校とか生徒会の集まりみたいなものでしょうか。男の子たちだけが集まって年長者が年下を指導するんですね。

中野　会話による、コミュニケーション重視の学習。アウトプット教育をしていくわけですよね。いわばアクティブラーニングですね。

本郷　そうです。男の子たちだけが集まって、そこでは、「女性に興味をもつなんて許さん」とか、「あいつは道で女性とすれ違う時に、何か女を意識していた」とか言われていじめられたりするんです。「お前、男なのに女に興味持っただろう」って。当然、男同士はアリなんですけど、価値観が全然違いますよね。

中野　でもそれは霊長類っぽいんですよね。霊長類はオス同士がマウンティングして、互いの社会的地位と絆を確かめ合うんです。人も霊長類なので、そういうものがあったとしても全然不思議ではないと思うんですよ。

本郷　西郷隆盛《さいごうたかもり》と大久保利通《おおくぼとしみち》もきっとそういうことなんでしょうね。

中野　新撰組も。

本郷　新撰組は完全にそうでした。御典医の松本良順《まつもとりょうじゅん》がちゃんと証言を残しています。「ちょっとは清潔にしなさい」と注意をしたけれども不潔な所で雑魚寝をしつつ男同士で色んなことをやっていた、と。良順は初代陸軍軍医総監で、のちに貴族院議員になります。その良順が、「どうせそういうことをするなら、清潔な所でやりなさい」と言っているんです。

中野　セーフセックスは大事ですからね。

本郷　そういう状況だから、新撰組には病気が蔓延していたんですね。そのため「重症は何人」というデータも良順は取っています。島津も新撰組も男だけの集団になると、自然とそういうことは出てくるんですかね。

中野　もちろんそうです。ネズミの集団ですら、個体の密度を高くして飼うと、同性同士で交尾するのが増えたりします。人では、女性の場合は、肉体的に子どもを産んだりするので、自然と**絆ホルモン**が出るんですけど、男性の場合は接触がないとその絆ホルモンが出にくいんです。さらに、女性ホルモンがその絆ホルモンを増感させるので、男性は絆ホルモンが増感しにくいのです。

絆ホルモンの増感を求めて、なにかをしなければいけないんですね。すると、集団でなにかする時にその絆を強めるために性行為が使われるっていうのは、理にかなっています。

本郷 そうすると、女性は大奥で――。

中野 女性の場合は、別にレズビアンとかにならなくてもいいんですね。女性の場合は、きわどい刺激でなくても、言葉のやりとり、「今日の服、かわいいね」とかそんなんで十分なんです。あとは「共通の敵を作る」っていうのも大事ですね。

本郷 じゃあ、逆に女性の場合は、いじめが流行るんですね。

中野 そうです。ただ、男性の場合はどうして性行為にこだわるかというと、「射精時により多くの絆ホルモンが分泌される」ということもあるんです。だから男性社会では、その行為が重視されたのかもしれないっていう仮説は成り立ちますけど、ちょっと生々しすぎますか。

本郷 でも忠恒は、男の子じゃ我慢できなかったんですかね。

中野 男だけじゃ嫌だったんでしょうね。

本郷 ただ、忠恒は離縁した上に側室を8人もいっぺんに囲ったわけですから、女好きというより、要するにお嫁さんへのあてつけじゃないですかね。

中野　子どもをいっぱい作りたかったっていう目的はないんですか？　もしくは、自分のお嫁さんだとつらいので、「他の人にも頑張ってもらいましょう」みたいな感じだったんでしょうか。

本郷　「じつは妻の身体が弱くて、その妻をすごく愛していたから」とか、そういういい話ふうにはまとまらないですよね。忠恒は戦国好きの間では、一般の感覚から著しくズレている典型的なDQN《ドキュン》と言われています。

中野　DQNですか。

本郷　そう、戦国DQN四天王のひとりとして忠恒が取り上げられることが多いですね。

中野　四天王のひとりとはすごいですね（笑）。

本郷　この忠恒と、もうひとりが伊達政宗ですね。それから、話が盛り上がった細川忠興。あと、もうひとりは、〝生ける人間兵器〟なんて呼ばれる森長可《もりながよし》ですね。

中野　戦国期には、おかしな人はいっぱいいますからね。

本郷　まあそうでしょうね。あんな時代ですから。

◎家臣の妻も手ごめにした多動力

大友宗麟

―― 生涯 ――

1530年1月3日、大友義鑑の嫡男として誕生。宗麟の廃嫡を企てた「二階崩れの変」後、家督を継ぐ。キリスト教を保護する傍ら、海外貿易を推進して版図を広げた。自らもキリスト教の洗礼を受けドン・フランシスコを名乗る。島津氏が勢力を拡大すると豊臣秀吉に恭順。豊臣軍による九州平定間際の、1587年5月6日病死。享年58。

「多動」に支えられた若き日の宗麟

本郷　大友宗麟《おおともそうりん》（義鎮《よししげ》）は豊後国《ぶんごのくに》の戦国大名で、一時は九州の6ヶ国を支配しています。

おそらくその源になっていたのが、いわゆる南蛮貿易なんです。その、南蛮貿易で支配する豊後の府中、現在の大分にはチャイナタウンができるまでになります。そこから優れた兵器や装備を手に入れて、やがて博多を押さえて富も手に入れた。というのが、宗麟が躍進する原動力だったと思うんです。

ただ、いつの間にかやる気をなくしてしまい、最初の頃の躍進が嘘のように、あとは人任せになってしまいます。そういえばキリスト教についても、最初のうちは「キリスト教を使って商売しよう」という感じでした。

中野　〝ファッションクリスチャン〟みたいな。

本郷　そうですね。しかし、いつの間にかキリスト教に本格的にのめり込むんです。やがて、九州6ヶ国を支配下に治めると、次は薩摩国《さつまのくに》の島津との戦いです。そこで大友軍は、大軍を率いて島津に侵攻するんですが、その時に宗麟がなにをしていたかというと、その軍勢の指揮をとらないで、その代わりにムジカ（現・宮崎県延岡市無鹿町）という新しい町を造っているんです。ムジカ、つまりミュージックですね。そういう名前をつけた新しい町を造り、そこで神様に祈っていたんです。

宗麟が祈っているあいだに自分が率いるはずの大軍は、天正《てんしょう》6（1578）年の耳川《みみかわ》の戦いでボロ負けしてしまう。宗麟の重臣たちは、天正3年の長篠の戦いの武田軍と同じくみんな戦死してしまう。それからは、坂道を転がり落ちるように駄目になり、島津の侵攻も止められない。

最後は秀吉に泣きついて、豊後一国だけはなんとか守っています。そういう人物ですけど、この宗麟も父親を殺しているんですね。ただこれは、家臣に命じての殺害、もしくは、事故だったとされています。

中野　そうなんですね。

本郷　宗麟も父親にかわいがられてはいませんでした。一応家督は宗麟が相続することになっていたのですが、父親の義鑑《よしあき》は異母弟の塩市丸《しおいちまる》に家督を譲ろうと画策しています。そして、宗麟派の家臣の粛清を企てますが、露見して逆に宗麟派の家臣に謀叛を起こされてしまうのです。

　宗麟派の家臣は塩市丸を殺害し、父親の義鑑もその時に負った傷がもとで亡くなります。そして、宗麟が家督を相続するのですが、この襲撃に宗麟の意思がどれくらい関わっていたかっていうのが問題ですね。

中野　なるほど。襲撃を止めなかったというのは、止められなかったのか、敢えて止めなかったのか――。

本郷　それとやはり問題なのは、宗麟の場合は奥さんとの確執です。奈多《なだ》夫人は神職の家から嫁いできているから、夫のキリスト教への傾倒は許せなかったらしいんです。それで、二人の仲は悪くなり、最後は離婚しています。一方で、宗麟は女性に妙に執着をするようになって家臣の奥さんも奪っていく。

中野　鬼畜ですね。

本郷　ここで僕が気になるのは、前半生の有能な宗麟と後半のしょぼい宗麟がまるで別人のようだという点です。

中野　女性に対する執着についてお聞きしたいんですけど、それはいつ頃ですか。

本郷　まあ、宗麟が元気な時です。元気な時からどうもあるんですね。

中野　もう駄目になってからの後半生はどうですか。

本郷　そこはどうなんでしょう。あまり知られていないですね。

中野　知られていないんですか。元気だった頃と一般的に言われるのは、**新奇探索性**もやる気も十分で、**ドーパミン**をいっぱい要求する脳をもっていた時代かもしれませんね。

本郷　なるほど。ドーパミンなんですね。

中野　そうです。ドーパミンは脳の活動を活発にさせる物質なんですよ。ドーパミンの要求量が人より多い人は、異性に対して向かう性行動にも出るわけで、非常に抑えがたい欲求をもっていた人だと考えられるのです。だからなにか宗麟の脳内で事件があって、それがパタッと変わってしまった時があったんでしょう。その事件は怪我だったかもしれないし、病気だったかもしれない。

本郷　はたから見た時に、たいしたことと思えないことが、その要因になる可能性もありますか。

中野　あります、あります。

本郷　じゃあ、僕らがこれじゃないかと推測するのも、なかなか難しいんですね。

中野　難しいと思います。本人が隠していたかもしれませんし。例えば事故で睾丸を失いましたとか。

本郷　それは大きいですよ（笑）。

中野　たいしたことないということはないですね（笑）。ちなみに男性ホルモンの**テストステロン**は、性的欲求をブーストするような効果があります。それがだんだんなくなると、女性に対する興味もなくなってきます。

本郷　するとカクっとダメになってしまうということですね。

中野　そうです。男と元男みたいな感じでしょうか。

宗麟を抜け殻に変えた事件の謎

本郷　そうなんですね。宗麟は、晩年にはあまり女性にも執着を示さなくなりますから。

中野　テストステロンが出なくなるような事件があったのでしょうか。

本郷　キリスト教に帰依し始めてから大人しくなったイメージがあります。でも逆に、大人しくなったから、仕方なしにキリスト教に帰依したという見方もできますね。

中野　それもありますね。どっちが先かはわからないんですね。

本郷　「俺に残されているのは、キリスト教だけだ」みたいなことがあったのかもしれないですね。せっかく6万人といわれるような大軍を編成して、「これで大友が九州統一だ」と家臣がやっている時に、当人はムジカに行って神に祈っている。

中野　ムジカって、多動とちょっとイメージが違いすぎますね。

本郷　だからその時は、もうテストステロンが出ていなかったんでしょうね。

中野　ドーパミンの要求量の高い人が、じっと音楽を聴くなんてできるわけがないんです。そんな多動性の高い人が。

本郷　音楽を聴いてこんな世界があったんだって思うから、ムジカなんて名前をつけたんでしょう。ちなみに、多動性というのは、**多動性障害**の多動ですか。

中野　そういうことです。

本郷　じゃあ、大人しく音楽なんて聴いていられない人ですよね。

中野　ほとんど不可能だと思います。

本郷　話は変わりますが、電車で座っていると、なんかすごく動いている人がいる。

中野　実際に見ていないので何とも言えませんが、理由もなく落ち着かない様子だったらその可能性が高いですよね。

本郷　あれは、ドーパミンが出ているんですか。

中野　というかドーパミンの動態が普通ではないんですね。学校の授業中でもそういう子はいますよね。東大も、ちょっと多いのかなって思いますが。

本郷　あれも多動ですか。元気がありあまっているのかなって思って見ていたのですが。

中野　そうです。あれはドーパミンを欲しがって脳がうずうずしているんですね。

本郷　ドーパミンと頭脳との相関関係はないんですか。

中野　ありますね。ドーパミンの要求量の高い人では新奇探索性が高くなるので、知的好奇心も旺盛にはなります。

本郷　「あれも調べてやろう」ってなるんですね。だけど本来的な知能のあり方っていうのはどうですか。

中野　知能でいうと、まだ議論があるところですね。もちろん男性ホルモンのテストステロンは、**環境要因**によっても「出る」「出ない」ということがあります。**社会的役割**

が期待されている場合、例えば宝塚歌劇で男役の人たちはテストステロンが優位になるらしく、生理が止まったりするそうです。

本郷　そうなんですか、そこまでいくんだ。

中野　社会的役割を期待されることで、そこまで変動があるんです。ですから、キリスト教の影響が宗麟に無関係だったとはいい切れないと思います。なにか、心酔するような宣教師がいて、その人に傾倒した結果、「やはり今までの生き方はダメだ」となったのかもしれません。

本郷　一方で、キリスト教の保護者みたいな形でみんなに期待されたのが重荷になり、ぷつっと切れてしまったことも考えられますね。賢いキレキレだった時には、「父親を殺して、俺がやろう」と思っていたのに、例えば精神に父親殺しの影響が出たとかはないですか。

中野　父親殺しの影響ですか？　確かにフラッシュバックが起きたかもしれないですね。

本郷　宗麟はキリスト教に帰依してから、領内のお寺をかなり潰しています。そのため仏教を信じる家臣から反発され、それが耳川の戦いでの敗北につながっている。

中野　離反されたことをストレスに思うのか、それとも信頼関係があったものを攻撃することにストレスがあったのか、それはわかりませんが、確かにストレスは**コルチゾール**という**ステロイドホルモン**の分泌量を増やします。

このコルチゾールが頭でなにをするかというと、海馬を攻撃して委縮させたりするんです。だから、ストレスがあまりにかかりすぎると、記憶をなくしたりします。あれは海馬が委縮したり傷つくことによって起こるんです。もしかして、そんなストレスがあったのかもしれません。宗麟も戦国武将ですから、どれだけの心理的負担になったのかわかりませんが、いきなり人が変わるというのはドラマティックですね。

本郷　そうですよね。本当に二人の人間がいるみたいな感じですよね。なにをやっても当たっていた宗麟と、何にもできなくなった抜け殻の宗麟ですね。

第4章　名将に欠乏したもの

不寛容で独善的な正義を生んだ「愛」

上杉謙信

―― 生涯 ――

1530年1月21日、長尾為景の子として誕生。兄・晴景の跡を継ぎ越後国守護代となる。武田信玄と川中島の戦いを繰り広げる一方、関東管領・上杉憲政を庇護して北条氏康とも対立。小田原城攻め後に、憲政から関東管領と上杉の名前を譲られている。さらに北陸にも侵攻して越中、能登を平定するが、1578年3月13日、病没。享年49。

女性的な謙信の遠征動機

本郷　上杉謙信《うえすぎけんしん》も、ちょっと変な人ですよね。説明するまでもなく〝越後の龍〟と呼ばれた謙信は、〝甲斐の虎〟こと武田信玄と5度にわたる川中島の戦いで名勝負を繰り広げました。一般的には名将として人気のある人物です。だけど、あんな時代に「義の旗」を掲げて生きていくとか、おかしいんじゃないかと思いますけど。

中野　あれは、どういうつもりだったのでしょうか。

本郷　私にはわかりません（笑）。ただ謙信は、すごく粘っこい人だった。

中野　秩序を重んじる完璧主義者ですものね。正義の人、義の人って、じつはすごく不寛容なんです。

本郷　だから家来がついてこないですね。信玄に「武田二十四将」がいたように、謙信にも「上杉二十四将」と呼ばれるような家臣たちがいてもおかしくないんです。人気の戦国武将ともなると家臣団も講談や小説の題材になることが多いのですが、でも謙信にはそういった家臣団がいない。謙信の家臣たちはみんな裏切りますから。

中野　最近、「不寛容社会」っていうキーワードがすごく出てきますけど、あれを脳科学的に言い換えれば、**愛に裏打ちされた絆社会**なんですよ。不寛容社会って言われだしたのは東日本大震災以降ですが、災害が起こって集団が困った時には**オキシトシン**の濃度がすごく高まるんです。

みんなで助け合わなきゃという気持ちが生じて、一致団結しようとなると、オキシトシンの濃度が高まる。この時なにが起こるかというと、絆を壊そうとする逸脱した人とか、ズルしてそれに乗っかろうとする人を「許さないという感情」がすごく高まるんですよ。「あの人ちょっと違うよね」という人を、許さない雰囲気になるんです。越後国《えちごのくに》には、そういった風土があったんじゃないでしょうか。

逆にサイコパスの人は、この感情をもっていないんです。「あいつがズルしても俺には関係ないから、放っておこう」となるんですね。対極ですね。

本郷　なるほど。もう手垢がついて今さらって話なんですけど、今からする話は、先生のおっしゃったオキシトシンが出ていることと関係があるのかもしれません。

謙信は、永禄《えいろく》4（1561）年に関東管領に就任したら、「私が関東をなんとかしなくてはいけない」と言って、毎年のように新潟県と群馬県の境にある三国峠《みくにとうげ》を越えて行くわけです。もう十何回も行っているんですよ。

じつは、これがとても怖いことなんです。どう考えても、軍備や軍勢を整えるには多額の費用がかかります。しかし、謙信が関東に進出するとどういう利益が生じるかというと、とくになにもないのです。これが武田信玄《たけだしんげん》だったら、少しずつ、少しずつ確実に領地を広げていくわけですよ。まず、「ここを取った」「この城を取った」。だから、「次はこの城だ」となるんですね。そして、奪い取った城を橋頭堡《きょうとうほ》にして、また次の城を取りにいくんです。このようにして、少しずつでも自身の領地を広げていくのが信玄です。

謙信の場合は、ともかく「俺は関東管領だ」と言って三国峠を越えていくんですね。すると、みな関東管領が来たから挨拶くらいはして行くんですが、謙信が帰った途端に「じゃあ俺たちは俺たちでやろうぜ」となって、何にも残らないのです。するとまた、謙信は出張してくる。そうするとまたみんなが寄って来るんですが、謙信が「ちょっと俺、雪が降ってきたから帰るね」と言うと、再び各々が勝手にやりだす。いつもその繰り返しなんです。

中野　なんか儀礼的な感じですね。

本郷　もう、まさにただのセレモニーなんです。どちらかというと、ダチョウ倶楽部さんの世界です。「どうぞどうぞ」っていう。

中野　おもしろいですが、謙信はまったく合理的ではない振る舞いをするんですね。

本郷　謙信はそういう人で、どっかおかしいんじゃないかなと思いますが、ただの変な人ではないみたいなんです。

中野　頭はよく、戦いのセンスもあるのでしょうが、合理性にはまったく欠けると思います。

本郷　そういう人は他にもいるんですか。

中野　もちろんいます。謙信に関して言えば、「この人はもしかしたら女だったんじゃないか」という女性説も、あながち嘘ではないのではと思えてしまうのは、これが理由なんです。完全に否定できないように思うのは、先ほどオキシトシンの話をしましたが、オキシトシンは合理的な選択をさせなくするんです。「許したほうが合理的なんだけど許せない」とか、「合理的じゃないんだけど義理でやっておかなきゃ」といった気持ちを高めるんです。

また**女性ホルモン**は、オキシトシンの効果を増感させるんです。すると何が起きるかって言うと、女性でよくあるように、「あんな会なんて本当は行きたくないんだけど、義理でね」みたいなことになるんですよ。それと似たような行動が、謙信の振る舞いに散見されるように思うんです。

本郷　だから、「何のために行くか」じゃないんですよね。「行かなきゃいけないから行く」となるんですね。合理的に「ひとつ領地を取ってやりましょう」とか、「やつを家来にしましょう」ということにはならず、とりあえず行ってみんなに挨拶をし、満足して帰っていくということになるんですね。

中野　まあ、普通ではないですよね。そんな謙信を見て信玄は、「馬鹿な奴」と思っていたかもしれません。

本郷　そりゃ、「馬鹿め」と思うでしょうね。だから変な話、歴史学の藤木久志先生も謙信を「なんだこいつ」と思ったんでしょうね。藤木先生は、「十何回も戦いに出てくるってことは、これはただごとじゃない」と考えた。もしかしたら謙信は飢えていたのではないかと考え、「義の旗を掲げながら侵略し、人をさらい、食料を根こそぎ奪い帰って行く」という推論を立てたわけです。

中野　出稼ぎですね。

本郷　そう出稼ぎ。先生はそういった仮説を立てたんです。でも、よく考えてみると越後国がそんなに貧しかったら隣国の群馬も、そんなに豊かなわけはないんですよね。越後国で米がとれなければ、群馬でもとれないんですよ。「それを十何回も来るかね」という話にもなっていて、それが歴史学では学説の戦いになっています。

個人よりも集団の秩序を優先させるオキシトシン

中野　「謙信には会いたい人がいた」ということはないんですか。

本郷　別にそういうわけでもないようですね。

中野　やはり「やらなきゃいけないからやる」っていうことなんでしょうか。謙信にとっては、秩序やルールが一番大事なんですね。オキシトシンのたくさん出る人にとっては、ルールが一番大事で、それを破る人が悪なんです。

本郷　マスコミの常軌を逸していると思ったことが、ベッキーさんの――。

中野　そう、あれです。もう、まさにあれなんです。

本郷　不倫自体はいけないんですけどね。

中野　そう、誰がなんと言おうと不倫は駄目。「不倫を許したほうが子どもは増えるよ」なんてことを言おうものなら――。でも、フランスの子どもの出生率を見てもわかる通り、不倫は合理的な選択としてはありなんですが、そんなことはまったく関係ないんですね。ルールが一番なんです。

本郷　よく女性が、「駄目なものは駄目」と言うのは、あれはもうオキシトシンが言わせているわけですか。でも、男性のなかにも女性的な人はいるわけで、中野先生のなかで謙信は「もしかしたら、女性でもおかしくない」ぐらい女性的な人物なんですか。

中野　そうですね、個人的には非常に女性的な人物だったと思います。話は変わりますが、会津の「什《じゅう》の掟」があるじゃないですか。その最後に――。

本郷　「ならぬことはなりません」という文言ですね。

中野　私はあれを見て、「会津ってそういう土地なんだな」と思った記憶があります。

本郷　会津は女性的ということですか。

中野　「ならぬことはなりません」というのは、女性的というよりも集団で協力するという行動が、個人の意思決定よりもはるかに優先される地域だってことなんです。オキシトシンによる強い絆で結ばれた地域では、秩序がものすごく大事なんです。

本郷　ではそれと、「いつまでも、いつまでも長州は許さない」というのは関係ありますか。

中野　ものすごく関係があるんです。

本郷　いまだに駄目なんですよね。

中野　そうした地域では、許さないことそのものがルールです。あと1000年くらいは残るかもしれませんね。

本郷　すると、韓国の人っていうのもやはりオキシトシンが強かったりするんですか。

中野　**ドーパミン**とか**セロトニン**の動態に関しては、遺伝子プールの中のバリエーションがどれぐらいの割合かという国別の比較が出ているんですけど、オキシトシンについてはその動態が複雑なこともあり、国別のデータは出ていません。

ですが、オキシトシンの動態は、生まれてから左右されることもあって、2歳ぐらいまで、もっと言うと半年から1歳半までの間に、「養育者とどれくらいの関係を結んだか」というのがクリティカルに効いてくるんです。日本や韓国などの東アジアでは、養育者と密接にその期間を過ごします。オキシトシンの受容体はこの時に増えますので、東アジア地域は、オキシトシンの影響を受けやすい脳に育ちやすいんです。

韓国の子育てについてはあまり知識がないのですが、もしかしたら、中国や日本と比べても、さらにそういう傾向があるのかもしれない。だから、「仲間でない人」とか、「仲間なんだけど、出て行った人、裏切った人」を攻撃しやすい風土ができる可能性は高いと思います。

本郷 まあ無理もないとは思うんですけど、ずっと忘れない。ずっと覚えているんですね。だけど、日本人は全然違いますよね。

中野 一見、あっさりしていますよね。

本郷 「戦争だからしょうがない」とかね。平成28（2016）年5月27日にオバマ大統領が広島を訪問した時も「大変なことは大変だったけど、アメリカの大統領が来てくれたんだから、その行為は評価しよう」みたいな論調が多かったですよね。一方の韓国は、訪韓したトランプ大統領を招いた晩餐会に、慰安婦のおばあさんを呼ぶなど、「そこまでやるのか」という感じですよね。

中野　そうですね。あと、半島からいらした人のなかには加藤清正《かとうきよまさ》に激しい恨みがあって「いまだに熊本城を見られません」という方もいらっしゃいますよね。

本郷　ええ!?　そんな人いるんですか。

◎「問題設定能力」に欠けた天才

豊臣秀吉

―― 生涯 ――

1537年2月6日、木下弥右衛門の子として誕生。生年月日は異説もある。織田信長に重用され、本能寺の変が起こると中国大返しで京へ戻り、山崎の戦いに勝利。家中で対立した柴田勝家を倒し、織田家を手中に治める。関白となった翌年には豊臣姓を賜り太政大臣に就任。天下統一を果たすが、1598年8月18日、伏見城で病没。享年62。

天才ゆえに悩む「詐欺師感情」

本郷　次は豊臣秀吉《とよとみひでよし》ですね。

中野　秀吉は男には興味を示さなかったんですか。

本郷　みたいですね。全然男性に興味がなかったようです。例の有名な話で、めちゃくちゃかわいい男の子を秀吉にあてがっても――。

中野　「お姉さんはいないのか？」と言ったという話ですね。

本郷　そうです。とにかく秀吉の周りにはたくさんの女性がいたんです。そして、その多くが名門の武家のお嬢さんなんですね。

中野　きっと、血筋好きなんですよね。

本郷　これもコンプレックスですか。

中野　上流の女性が好きってありますよね。今でもあるカテゴリーの男性は、上流の女性が好きだと思いますよ。高学歴じゃないとダメとかね。

本郷　今それを言おうと思ったんです。中野先生のとこにくる男性って、ざっくりいうとどんなタイプですか。

中野　なにか「踏んでほしい」みたいな人が来たこともありましたよ。「僕を罵倒してください」というのもありましたね。

本郷　それはやはり学歴ですか。先生の立場とか、頭の回転のよさとか、そういう精神的なものに踏んでほしいんですかね。

中野　おそらく、なにか権威を感じる女性が好きなんじゃないですかね。自分が勝てないと思う女性になにかさせたいんだと思います。

本郷　そうですか。秀吉もそれかな。

中野　マゾみたいな。

本郷　だけど秀吉は、貴族のお姫様にはいかないんですよね。だから、それってもう確実になにかの病でしょう。

中野　これは、推論になってしまうのですが、**インポスター感情**というものが知られていて、日本語では**詐欺師感情**というふうに訳されているものです。

例えば、すごく才能がある人がいたとします。才能があるんだけど、そのじつすごく空疎で、「自分がズルをしているんじゃないか」という感覚をずっともっているんですね。あまりにも才能がある人は、「自分が自然にできることを他の人はできないのはなぜだ」と思うわけです。単に、才能があるから簡単にできるんですけど、もしかすると、自分はどっかズルをしているんじゃないかと考えてしまう。

秀吉の場合ですと、もともと農民で、血筋も何にももってない。しかし、出世して強大な権力と立場を手に入れた。が、「本当はなにか足りないんじゃないか」という空疎感が消えない。これを何とかしたい。だけど自分ではどうしようもないので、そこを誰かに指摘してもらうことによって、安心したいわけですね。そういう人は、権威ある人に踏んでもらうと安心するんです。

本郷　困った人ですね。

中野　「こじらせている」という言い方でもいいかもしれません。こじらせ男子。でも権威がある貴族のお姫様だと、叩きのめされてしまうかもしれないので。

本郷　だからちょうど武家がいいのかな。

中野　ちょうどいい人を探していたんじゃないですか。

本郷　なるほど。だから信長の血筋が大好きなんですね。

中野　お市とか大好きでしたものね。

本郷　でもそういうことを聞くと、秀吉はちょっと愛すべき人かもしれない。

中野　かわいいですよね。あくまで推測ではありますが。

本郷　でも当たっているような気がします。やはりそうか、秀吉は「なんで俺には普通にできるのに、こいつらできねえのかな」と思っていたんですね。

中野　思っていたと思いますよ。「こんなこと、どうして思いつかないいんだ」と思っているくらいの人ですよね。

本郷　だから今、歴史研究者が「信長はわかる」というんですよ。信長は積み重ねていくから、「理論的に非常によくわかる」という。だけど、「秀吉はよくわからない」という。要するに秀吉はすごいアイデアマンで、歴史研究者は「なんでこんなことを思いつくのかな」と言うんですよね。

中野　私は戦国武将をＩＱ順に並べたりすると、とびぬけて一番高い所に来るのが秀吉のような気がします。パズルを与えたら、戦国武将で一番早く解きそうです。でもそれが、「人間力がある」とか、「生き延びられる」とかにはつながらないんです。

「秀吉認知症」はありえるのか？

本郷 秀吉のＩＱは高かったんじゃないかっていう中野先生の見立てですが、年を取った時に急激に能力が落ちることはあるんですか。

中野 ありますね。職業にも影響されるようなんですけど。ただ秀吉の判断力の鈍り方を考えると、もしかしたら**認知症**だったのかもしれません。

本郷 その可能性もあるんですか。

中野 明智光秀《あけちみつひで》にもその説、ありませんでしたか。

本郷 認知症ですか。それはさすがに聞いたことないですね。

中野 そうですか。

本郷 光秀も認知症なんですか？　それで天正10（１５８２）年に本能寺の変を起こしたんですか。

中野　そういう話を聞いたことがあるだけで、私の説じゃないですよ。
本郷　でも、本能寺の変の新説で、だれだれ黒幕説とか四国説とかあるなかで、老害説とか認知症説とか出てきたらすごいですね。信長がかわいそう。
中野　まあ認知症は、私もないなとは思っているんですけど。
本郷　光秀は確か55歳なんですよね。当時だったらもういい年ですからね。
中野　生活環境も今とは違って、そんなにいいわけではないので、症状が速く進行しても不思議ではありません。
本郷　では、秀吉はどうだったんでしょうか。
中野　認知症の進行の度合いは、知能が高いほうが速いんですよ。
本郷　秀吉は晩年があまりにも酷いですよね。
中野　無茶苦茶ですよね。「これまでの切れのよさはどこへ行ったの」というくらい。秀吉の認知症説を唱えている方って、どなたかいらっしゃるんですか？
本郷　僕の周りで、「秀吉は認知症でしょ」と言った人はいませんね。
中野　いないんですか。
本郷　ただ、「要するにボケだよね」と言った人は結構います。司馬遼太郎も、「秀吉はボケだろう」と言っていますから。まあ司馬先生の生きていらっしゃった頃は、「アルツハイマーだ」「認知症だ」という言葉がなかった。まあ、みんなボケですね。偉い人がボケないっていうことはないですからね。

中野　それは、ない。

本郷　ボケたっていいですよね。認知症の症状はどのように現れるのでしょうか。

中野　徐々に進行してはいるんです。徐々に進んではいるんですが、進行状況はS字形のシグモイド曲線で見えてくるので、落ちたところだけ見てると一気に落ちた感じがしますよね。

本郷　名前が思い出せなくなった。声を聴いても誰だかわからなくなった。それから顔を見ても誰だかわからなくなった、というような形で認知症は進んでいくのか、それとももう一気に忘れるんですか。

中野　ちょっとずつです。なかでも特徴的なのは、最近覚えたものから忘れていくので、昔から知っている人のことは、ずっと覚えていたりするんです。

本郷　最近知り合った人を忘れるようだったら、ちょっと気をつけたほうがいいよって話なんですね。でも、友人と話していると、「最近さ、あれ出てこないんだよな」ということをよく聞くんですよ。それで逃げ切っちゃう人もいるんでしょうか。

中野　いますよね。ただ認知症と、「最近、名前が出てこないんだよね」とはまた違う現象で「名前が出てこない」は、自分がその人を知っているという認知はあるわけです。**メタ記憶**というんですけど、そのことを、「知っているけど思い出せない」。知っているという、インデックスはあるんですよ。そのインデックスがある状態は、認知症とはちょっと違うんですよね。

本郷　違うんだ。認知症だとひとりの人間の記憶を、まるっとなくしちゃうんですか。

中野　「新しい方ですね」となります。だから、「はじめまして、お世話になります」とか。

本郷　「確か会ったことあるんだよな」「一緒に仕事したことがあるんだけど、名前が出てこないんだよな」とはまた別なんですね。

中野　それだと、まだ望みがあります。

本郷　だけどね、嫌な記憶ならスコンと忘れられたらいいですよね。

中野　じつは、忘れるための薬が開発されつつあるんですよ。記憶って、そのままずっと保持されてるわけじゃなくて、格納したり呼び出したりするんですね。その呼び出しして格納する時にそのプロセスが阻害されると忘れちゃうんです。そういう、記憶を阻害する薬が、ＰＴＳＤ（心的外傷後ストレス）の治療に使うために開発されているんです。

本郷　話を戻すと、さすがに秀吉がボケだったというのは難しいでしょうか。

中野　だけど、そうですね。秀吉の場合、他になにか原因って考えられますか。

本郷　認知症以外の原因だったら、なにがありえるかですよね。いきなり、これまでの冴え冴えとした手が打てなくなった最初の事例というのは、何だったのでしょうか。

中野　やはり、朝鮮出兵です。でも、朝鮮出兵は着々とやっている感じもあるんですよね。でもあるところから、とり憑かれたようになる。しかも、なぜやめられなかったのかが、よくわからない。１回やってみて失敗した段階で引き返せなくなるっていうのは、まあ、ありそうな話ですが。

本郷　でも秀吉だったらうまい言い訳を作って、そこで撤退しようとかできそうですけどね。

中野　それができないんです。でもなにが最初にひっかかったんでしょうね。秀吉の場合は、子どもができなかったということもある。そういう、「俺駄目だな」みたいな能力の低下との相関関係はあるんでしょうか。

中野　ストレスですかね――。

本郷　まあ、ストレスと言ってしまうと、なんでも関係ありそうな感じになりますよね。

中野　たしかに多くの人が感じるものですし、それほどの大きな要因なのかというと、果たしてどうなのかってところでしょうか。

本郷　そうなんですよ。天正18年に天下統一という大きな事業を成し遂げたことで、目的がなくなった。でも確かに秀吉は、人参をぶらさげて走るタイプですよね。常に信長に人参をぶらさげられて、「まあ70点取ればいいよ」と言われた時に100点を取っちゃうとか、100点を求められても120点を取っちゃうとかして、どんどん出世していった男ですよね。そうすると、信長もできなかった天下統一が果たせた時に、目的を見失った可能性はありますよね。

そうすると今度は、「100点でいいよ」と言われて120点とるようなつもりで、「まあ日本を片付けたし、次は朝鮮だ」とか、「次は中国だ」とか、真面目に思っていたのかもしれないですね。

「問題解決能力」に優れ、創造性に欠けた秀吉

中野　もしかすると秀吉のＩＱの高さは、問題解決にはすごく役に立つＩＱなんですが、問題を設定するのは、下手なのかもしれません。

本郷　そういうこともあるんですか。要するに、同じＩＱが高くて頭がよく回る。だけど解決型と設定型によって違いが大きい。もっと簡単にいうと、漫才のボケと突っ込みですよね。ボケる時はものすごくおもしろいけど、突っ込ませるとちっともおもしろくないとか。

中野　知能も成人型の現在日米などで使われている「ＷＡＩＳ-Ⅲ」や「Ⅳ」というテストだと、ひとつの尺度じゃないんですよね。いくつかの尺度があって、例えば、「空間認知」とか、「言語・語彙能力」「理解力」「計算力」とか、色々な尺度で測ってそれらを総合しての知能なんですよ。だから秀吉が得意そうな、**問題解決能力**とかは測れるんですけど、**創造性**がどれだけ測れているかといえば、意外と創造性は測れてないんですね。秀吉がこのテストを行ってＩＱが高いと出ても、秀吉の創造力という意味ではちょっとどうなのかなと思います。

本郷　信長は、常に人と違うことをやるわけですよ。それで、秀吉は信長がやったこと、信長が考えたことをすごい勢いで発展させるのはすごくうまいんです。この時に、秀吉が「発展させたことや、見つけてきたことって、そんなにない」という言い方をしている研究者と、「いや、彼はすごいアイデアマンで、彼が最初に見つけたんだ」っていう研究者がいるわけですね。

中野　両方あるわけですね。

本郷　ただ世のなかで「天才」といわれている人って、新しい概念を見つける人が天才と思われますが、案外アメリカのビジネスシーンなんかだと――。

中野　スティーブ・ジョブズって、じつはなにも創造してないですよね。

本郷　そうなんですよね。既存の考え方のなかから、「あ、これは使えるぜ」と言って、大々的にひっぱってくる人もまさに天才といわれているわけです。

中野　秀吉ってまさに、ジョブズみたいな人だったんじゃないでしょうか。

本郷　自分が見出したわけじゃないんだけど、人の設定を使ってやることがうまいんでしょうね。

中野　人たらしだったりもします。

本郷　そうですね。人たらしが、「人をたらせなくなる」というのが、彼のつまずきの始まりなのかもしれません。

中野　周りにイエスマンばっかり揃ってきたからかもしれませんね。

本郷　これも中野先生に、ぜひ聞いてみたいと思っていたんですけど、秀吉の周りには豪華絢爛たる美人が多くいるわけじゃないですか。その人たちは、こういう状態になった秀吉のことは好きなんですか。

中野　美人たちが秀吉を好きかって。そりゃあ、自分を養ってくれる人ですから。そういう意味での好意はありますよね。ボスとして。

本郷　あぁ、ボスとしてですね。まあ、そうですね。女性ってどういう人が好きなのか、なんかわかんないんです。でも別に、僕らが考えるようなイケメンばかりが好きなわけではないいんですよね。

中野　魅力的ではないですね。例えイケメンでも、秀吉のような社会経済的地位、またはそれに代わる女性を癒やす力がなくて不潔だったら全然ダメです。

本郷　イケメンでも。

中野　全然ダメです。むしろ調子に乗ってそうで嫌い、という女性は多いと思いますよ。

「認知的不協和」を抱えた晩年

中野　ここまで、秀吉が認知症だったかもしれないし、問題設定が苦手だったかもしれないという話をしてきましたが、他にはなにか理由がないでしょうか。病気をしたとか、怪我をしたとか、そういう事実はなかったですか。

本郷　秀吉が病気を患ったり、怪我をしたという話は伝わっていません。むしろ、小柄ながら健康体みたいな感じなんです。

中野　子どもができなかっただけですか。

本郷　脳科学者だからといって中野先生に医学的なことを聞くのもお門違いなんですけど、中野先生は秀頼《ひでより》誕生の経緯についてどうお考えですか。

中野　秀吉は男性不妊だったと考えるべきでしょうね。

本郷　ということは、秀吉の子じゃない可能性が高い。

中野　と、私は考えています。

本郷　やはりそうですよね。まあ、当時の人もみなそう思っていたんでしょうね。

中野　思っていたと思いますよ。まったく似ていないですし。

本郷　似てない。父親の形質っていうのを本当に受け継いでない。

中野　秀頼が生まれたあとにおかしくなったんだとしたら、それが原因の可能性もありますね。

本郷　秀頼が生まれたために、秀次の一族をみな殺しにする残虐性なんかも出てくるじゃないですか。それはやはり、「秀頼かわいさの感情に負けてしまう」ということもあったんでしょうか。

中野　私はもっと複雑だと思っています。秀吉も自分の子どもだと思ってなかったんじゃないですか。でも自分の子どもだと思わないといけないので、事実でないことを思い込もうとする時に**認知的不協和**という現象が起きます。違うと思っているからこそ、それをやらないといけないというものです。

本郷　わかります、わかります。そういうことってありますよね。

中野　かわいがっている姿を他人に見せないといけませんし、実子以上にかわいがらないといけない。過剰にそういう振る舞いをしていると、いつの間にか自分の振る舞いが認知を変える。認知的不協和は、「思っていることと、やっていることが対立する時にどっちに従うか」というジレンマが生じて起こるんです。

「やっていること」がどうしても変えようのない場合、「思っていること」を無意識に変えてしまうんです。人間は。事実、とりあえず自分の記憶とか心を書き換えて済むんだったら、書き換えてしまおうという気持ちが自然に働くってことなんですね。「人の子を自分の子どもにしなきゃいけない」という事情があるなら、もう、「自分の子ではないことは重々わかっているけれども、なかったことにしよう」とするんです。

本郷　それ、すごいな。しかし、すごくわかります。感情と思考の対立みたいなものがあるわけですね。

中野　それで感情と思考が対立した時に、感情のほうを書き換えてしまおう、ということになりますかね。

本郷　割と頭のいい人のほうが、そういうことになりそうですね。

中野　それができるだけの思考力の持ち主ではあったと思います。すると、「いや、なにやっているんですか殿。似てないですよ」と批判してくる者がもしいれば、その言葉には耳を貸さず、「私がそう決めたんだ」ということになるんです。

本郷　だから秀吉は淀殿《よどどの》に、「この子、ほんとに俺の子か？」なんて聞けなかったと思うんですよね。普通にそのひと言を発せられればもっと楽になれたのに、「それは俺の子であるべきだ」ということになってしまった。

自分の本当の子じゃなくても豊臣家の後継者にめどがついたから、豊臣政権に汚点があってはいけないということで、朝鮮出兵が失敗するのはわかっているのに無理やり推し進めた。継続させたとか、そういうことはあるのかもしれませんね。

中野 そうですね。「外敵を作って集団が保持できるような体制」をあえて作ったという可能性はあったと思います。

本郷 そっちですね。あまりこういう言い方をするとよくないけど、今、韓国が――。

中野 人間のやることですから、どこも同じかもしれません。

本郷 さすがに韓国も中国やアメリカの悪口を言うわけにはいかないから、「日本ならまあいいか」という、手近なところで済ませているわけですね。

中野 日本なら、なにかあればすぐになだめられそうだと思われているでしょうしね。

本郷 そういう部分は、ありそうな気がします。

中野 本当に、秀吉が秀頼を自分の子だと思っていなかったとします。明らかにその点を認識していたとしたら、なおさら秀頼と競合する人を厳しく断じる必要が出てくるのです。秀頼への愛ゆえにというよりも、そう思い込もうとしたが故の暴走という考え方もできますね。あくまで推測のひとつですが。

本郷　それはすごい。推測なんだろうけど、すごい力がありそうです。

中野　まあ、知的能力の高い人が認知的不協和を引き起こすとこうなるのかな、という仮説です。

本郷　それは確かに。でもこういう時、淀殿は、どうしていたのでしょう。疑われているかもしれないのに平気で生活できたんですか。

中野　いや、びくびくしていたと思いますよ。びくびくしていたけど、「殿が疑うことはない」と自分に言い聞かせていたと思います。でも秀吉の側室と密通なんて、実際にできるものなのですか。

本郷　できますよ。それはちょろいですよ。日本の場合は、抜け道がいっぱいあるんですね。中国の宮廷みたいに「去勢せよ」ということはないですから。そこは日本のおおらかさで、大野治長《おおのはるなが》説とか出てくるわけです。淀殿にしてみれば、自分の子どもさえできればいいのですから、密通相手なんてあとで殺してしまえばいいわけですからね。

毛利元就

人間不信を助長するセロトニン不足

生涯

1497年3月14日、毛利弘元の二男として誕生。家督を相続し、大内義隆に仕える。その後、吉川家、小早川家に養子に送り「毛利両川体制」を確立し勢力拡大を図った。主君・義隆を討った陶晴賢を厳島の戦いで撃破。さらに尼子氏、大内氏を滅ぼし、最大版図を中国10ヶ国に広げている。1571年6月14日、吉田郡山城で病死。享年75。

息子さえも信じなかった猜疑心

本郷　猜疑心が強いってところで毛利元就《もうりもとなり》がいますね。ともかく、とんでもない人なんです。要するに矛盾の塊みたいな人です。長男の隆元《たかもと》に対しては、「あなたはともかく、すごく親孝行だし、神仏に対しても礼をつくして、それは大変素晴らしい」と誉めておいて、「だけどあなたは、趣味とか芸能とか、そんなことにうつつを抜かしている時間はないはずだ。すべてもう、武略、調略、計略、それだけ考えて生きていきなさい」というんですよ。まあ、これは戦国時代ということを考えると、わからないではない。

ところが、三男の小早川隆景《こばやかわたかかげ》に対しては、「お前は、めちゃめちゃ優秀だって言われて、いい気になってはいかん。なにかことがあると、その背後には必ず黒幕としてお前がいると、みんなが疑っているぞ」と叱責しているんです。今回は大友家と毛利は争うことになったけど、「平和的な外交をしようとしてたけど、それが壊れてまた弓矢になった。これは小早川隆景殿の弓矢だと、みんなが言ってるぞ」と。

それから、「今度、伊予に出兵――」、今の愛媛県に毛利が出兵したのは、村上水軍に対して借りを返すためにしただけのことなのに、「これは小早川隆景殿が、裏で糸を引いてるとみんなが言ってるぞ」「お前は自分の能力を制御するということなく生きてきた。だから、こういうザマになるんだ」と。元就は隆元に対しては敬語を使うんですけど、隆景に対しては、「お前は」なんです。「お前は、今まで才能をひけらかして生きてきたけど、もうそれをやめなさい」。そして、「ともかく、人がいいっていうことをやる。人がいけないということをやらない。そういうシンプルな生き方に変えなさい。そうしないと危ない」と言っているんです。ボンクラな子どもには、「頑張れ」と言っておいて、優秀な子どもには、全然違うことを言っているわけです。

あげくの果て3人の子どもに、有名な教訓である「3本の矢」のもとになった文書があるんですけど、「中国地方をだいたい制覇してる我が毛利家だけど、本当に毛利

家のためにと思ってる奴は、中国地方は当たり前だけど、我が本領の安芸国《あきのくに》にだって
ひとりもいないんだぞ」というようなことを言うわけですよ。それで、「だからお前
たち兄弟が仲よくしないと毛利はすぐに滅びるよ。兄弟が仲よくする。兄弟しか、も
う信用できる奴はいないんだ」と言うんですね。
だけど、文書をもらった子どもたちは、「オヤジだって弟を殺してるじゃん」と思
ったに違いないですよ。それくらい変な人なんです。要するに、誰も信じないんです。
元就は多分、息子たちのことも信用してない。そして、ひとりだけかわいがったのが、
ボンクラの長男・隆元です。

中野 それは、ボンクラだからかわいかったのでしょうね。知性のある人なんて、いつ裏
切るかわからない。

本郷 でもボンクラだった息子が、自分より先に死ぬんですよ。

中野 なんと――。

本郷 この後、ボンクラだった息子の子ども、つまり孫が跡を継ぐんですが、これが毛利
輝元《てるもと》っていう関ヶ原でみそを付けた男なんです。ご存知でしょうが、輝元には小早川
隆景と吉川元春《よしかわもとはる》っていう優秀な叔父さんたちがいるわけですよね。この叔父さんたち

が今度は、甥を盛り立てていくわけです。だけどこの叔父さんたちが、またすごくおっかなくて、家来の前では、「殿」と言って、「へへぇ」とやるわけですけど、家来の目がなくなった途端に、「お前、なんだあれは」と言って、輝元を殴る蹴るってすごいことをしていたらしいんです。

中野　うわ、リンチですね。

本郷　そうそうそう。だから「この家一体なんなの」と思うんです。それからあと、元就は重臣だった井上一族をみな殺しにするわけです。そのことが隆景への手紙に書いてあるんですけど、「俺はどれほど井上一族に煮え湯を飲まされたかわからない。それを俺は30年耐えたんだ。30年耐えたけど、こいつらは許せないと思ったんで、みな殺しにした。お前はちょっとのことで、ぶつぶつ文句を言うんじゃない」と書いているんです。ちょっとおかしいでしょ。粘着質で人のことは信用しないし、おもしろい人ですよね。

不安、不信の原因が「セロトニン不足」

中野　毛利家と単純に比べちゃいけないと思うんですけど、ある漫画家の方が、「中国地方はちょっと変だ」と言うんですよ。

本郷　変なのですか。

中野　なんかこう、「忘れない」「根絶やしにする」、一方でちょっと尋常でない豹変ぶりや、一貫性をもたないという特徴について指摘されていました。あと、同族のなかで色々あるそうで、お話を聞いてなるほどなって思ったんです。また、「安易に人を信じてきた人から淘汰されてきた土地なんだ」というんですね。私も、「簡単に人を信じない性質ってどこから来るんだろう」と思いながらお話をうかがっていたんですが、「人を信用する、信用しない」という戦略はもちろん**オキシトシン**もかかわっているんですけど、「楽観的か楽観的でないか」ということに関して言うと、徳川家康について少しお話しした**セロトニン**という物質が影響します。これは、少ないほうが悲観的になりやすく、「相手を信用しちゃいけないんじゃないか」という不安感が高くなったりするんです。毛利家の人たちはどうですか。例えば激高しやすいっていう性質はありましたか。
本郷　いや、怒らないんじゃないですか。もうずっと鎮静するんでしょ、多分。10年でも20年でも根にもつんですよ、きっと。
中野　400年とか。
本郷　もう最後の最後、徳川にね。だって幕末の動向を見ていると、薩摩は賢いじゃないですか。常に勝ち馬に乗りますよね。だけど長州はひたすら――。
中野　全面戦争です。
本郷　要するに太平洋戦争の時の日本みたいなもので、世界中を敵に回して戦っているじゃないですか。
中野　ああ、なるほど。あのDNAです。
本郷　あっ、そうか。長州から総理大臣がいっぱい出ていますからね。今の総理大臣も確か。まあ少なくとも、トランプ大統領と仲よくやっているから、世界中を敵に回すことはないでしょうね。
中野　セロトニンが足りなさそう――。
本郷　どうしてですか。中国地方って歴史的には豊かな地域なんですよ。もう関東に比べれば十倍くらい。セロトニンは、豊かなところで暮らしてると足りなくなるのかな？

中野 それはどうなんでしょう。本郷先生に質問ですが、中国地方は前例に従った手を変えないほうが生存戦略として適応的なのか、手をなるべく変えて新しいことをしたほうが適応的なのかどちらでしょうか。

本郷 中国地方は元来が豊かですから、前者ですね。

中野 そうしたら、手を変えないということに関しては、セロトニンは少ないほうがいいですよ。新しいことになるべくチャレンジしない。前例に従うといった場合は、です。

本郷 あ、だから、「毛利は天下に対しては志をもつな。天下を統一する必要なんてない」って、まさに元就の遺言だった。これは『吉川《きっかわ》家《け》文書《もんじょ》』に書いてあるんですよ、はっきりと。

中野 とても納得のいく遺言ですね。

本郷 毛利家が生き残るのが、第一目的。だから「天下人になる必要はない」と元就は言っている。

中野 「トップを狙え」の逆、「トップを狙うな」ですね。セロトニンは、男女の合成能力に差があって女性のほうが少ないんです。これは人間だけじゃなくて、他の哺乳類にも同じ傾向があるらしく、メスのほうがより慎重、オスのほうが楽観的なようです。

マンモスの化石ってオスが多いんですけど、それはなぜかというとオスのマンモスのほうが単独行動をする。だからクレバスに落ちたりとか、危ないところで死んだりして個体の化石体で見つかることが多い。メスがあまりそういう目に遭わないのは、メスは群れを長老が率いるそうなんです。だからメスは、単独で行動することがオスよりも少ないので、それで危ない目に遭って死ぬことが少なく、化石にはならないいんじゃないのっていう考え方があるんですよ。

本郷　ああ、それ、サルの群れも一緒ですよね。サルの群れは、基本的にメスが作るわけです。要するに猿のボスって、メスの支持がないとボスになれない。だから腕っ節だけではだめで、結構爺さんがボスをやっているんですよね。腕っ節が強くて、ブイブイいわせてるだけのオスってメスの支持を得られなくて、群れを出ちゃうんですよね。そして、はぐれオスになるんです。ただ、そのはぐれオスが違うグループに入ってきて、そこでメスに気に入られると、新たにボスになったりする。そういう意味でいうと、オスのほうが。

中野　単独行動をしたりするんです。悲観的か楽観的かでいったら、オスは楽観主義的。

本郷　だから元就はどっちかっていうと、「女っぽい」。そういう感じするな。

中野　要するに女性的な戦略で戦う集団は、セロトニンが少なくて、前例に従ったりとか、周りの人はどうしているかなと見てから自分の手を決めるとか、結構あるんです。またおもしろいことに、「恨みを忘れない」。自分になにが起こったのか、なにをされたかっていう**エピソーディックメモリー**に関して言うと、女性のほうが強くもっているんですよね。

本郷　そうですね。僕もいまだに「あの時にああいうふうにされた」と、よく言われます。何十年も前のことをよく言われます。

中野　そうなんです。それはあの、**不安感情**と記憶というのは結びついていて、情動が呼び起されると記憶も一緒にひっぱられてくるんですね。だからなかなか忘れない。

セロトニン不足は復讐心をも増幅させる

本郷　元就の人生は本当に大変だったわけで、子どもの時にお父さん、お母さんに死なれちゃうんです。そうしたら父・弘元《ひろもと》の側室であったお杉の方が、「まだまだ再婚できた年なのに他家には行かないで、自分のことをかわいそうに思って育ててくださった」ということを元就は言ってるわけですよね。それを昔大河ドラマで松坂慶子さんが演じていました。

中野　あら、いい役。

本郷　元就には、そういう母親代わりのような人がいた。だけど、お杉の方と二人で経済的につらい日々を送っていた時、自分が預けられていた城をさっきの井上一族にとられちゃうわけですよ。それをずっと忘れない。そして最後の最後に一族みな殺し。ひとり残らずみな殺しにしてしまいます。

中野　このセロトニンが足りないというのには理由があるんですね。セロトニンは分泌しにくいっていうのもあるんですけど、それ以上に使い回しにくいんです。

　セロトニンには**セロトニントランスポーター**というリサイクルポンプみたいなのがあって、このリサイクルポンプが少ないのも、セロトニンがうまく使えない要因のひとつなんです。このリサイクルポンプが少ない人は、前にもお話しした、「理不尽なことをされた時に、自分がコストをかけてもその人に罰を与えたい」という傾向が強くなるんですね。

本郷　「利益を度外視して復讐するって人」ですね。

中野　そういうことです。そうした人というのは「Kamikaze」をやってでも、仕返しをしたい。

本郷　なるほど。でも、こういう人を敵に回したらえらいことですね。

中野　嫌ですね。敵に回したくはないですね。

本郷　もうそういわれてみれば、お城を取り囲んで長期戦を行う。籠城した相手に対して、ずっと長期戦で城を取り囲んで落としたっていうのは、毛利元就が初めてですからね。

中野　できるだけ嫌な思いをさせて、滅ぼしたいみたいなこともあったかもしれない。

本郷　そうですね。だから出雲国《いずものくに》の月山富田城《がっさんとだじょう》攻めはそれじゃないですかね。尼子氏が籠城する月山富田城から、「もうとてもじゃないけどこれはもたない」といって脱走兵が出るじゃないですか。すると、「はい、あなたたち、もう1回帰ってください」と言って、お城に押し込めた。それで落とすんですからね。本当にどうなってんだ元就は――。

中野　鬼畜すぎる――。

本郷　ただ元就の場合は、感覚がまるで現代人なんですよ。非常に理性的で、頭が非常にいいんです。彼の手紙を読んでいると、「あ、戦国時代なのに現代人だ」と思ってしまう。こういう現代人のようなタイプは室町幕府を開いた足利尊氏の弟・直義《ただよし》など何人かはいるんですよね。

中野　確かに。

本郷　だけどそういう人って、みなろくな死に方しないんです。だけど元就は、畳の上で死ぬから、すごいですよ。

中野　不思議な家ですね、毛利家。

本郷　だけど、「島津にバカ殿なし」じゃないですけど、毛利は残念ながらバカばっかりなんですよね。

中野　それもすごいですよね。こういう戦略が有効ってことじゃないですか。

本郷　だから、天才が生まれて、「あとはみなバカばかり」。そんな感じですよね。先にも言いましたが、息子の隆元もボンクラだし、その子どもの輝元も輪をかけてボンクラです。とてもじゃないけど徳川家康なんかと戦えるような人ではない。だけどこういう人って、女性に対して「だらしがない」とかはないんですか。

中野　女性に対してだらしがない？　いえ、むしろ慎重に振る舞いそうですね。

本郷　だから元就は奥さんが死ぬまで一夫一妻制なのか。

中野　セロトニンが少ない人はその傾向ですよ。

本郷　だけど、奥さんが死んだのちに寂しくなったらしくて側室をもつんです。

中野　寂しさには弱そうです。セロトニンってそうなんですよ。足りないと不安傾向が高くなって寂しくなる。

本郷　元就は寂しかったらしくて、奥さんが死んだあとに側室を何人かもらうんです。身体は頑健だったらしいんで、子どもがポロポロ生まれるんですよ。そうすると、隆元はすでに死んでいますが、隆景、元春には親子ほど違う弟たちができた。そして、二人に「お前たちにとっては、この弟たちはネズミのような存在だ」というんです。

中野　ネズミですか、またひどい。

本郷　だけど、「弟には違いないから、少しは優しくしてやってくれ」と。まあ、父親としての愛情はもっているといえばもっているのかもしれないけど、すごいのは、子どもは全部で10人ほどいるのですが、隆元だけ毛利家を継がせて、あとの子どもはすべて養子に出すんです。

中野　家が分裂しないためにですか。

本郷　それもあるでしょうね。そっちもあるし、それから政略ですよね。政略の道具です。

中野　なるほど。

本郷　だから息子を全員養子に出して、家を継がせる。

中野　それは考えてないわけないですね。こんなに色々疑い深い人が。

本郷　そう、なんかすごく変な老人ですね。生まれた時から老人だったみたいな人です。

中野　なるほどね。妖怪だ。

本郷　そう元就は妖怪だと思います。ところで、猜疑心と**サイコパス**って関連はあるんですか。

中野　サイコパスはむしろ、あんまりこういうことを気にしないようです。

本郷　サイコパスは、相手を疑うどころじゃなくて、もう、「最初っから死ね」と言う。だからネチネチ悩まないんじゃないですか。

中野　そうですね。相手が苦しむのを見るのが楽しいのがサイコパスですけど、「猜疑心がある」というのは、自分が安心するために人を苦しませたいんですよ。

◎ 空気が読めなかった秀才

石田三成

―― 生涯 ――

1560年、石田正継の二男として誕生。羽柴秀吉の近侍を務め、合戦では兵站を受け持ち活躍。秀吉が関白に就任すると、財政運営や太閤検地などにも尽力し、内政で優れた才能を発揮した。五奉行となるが、秀吉の死後に武断派の諸将と対立。徳川家康との関ヶ原の戦いに敗れると捕縛され、1600年10月1日、京・六条河原で斬首。享年41。

合理的思考力はあるが忖度できない

本郷　石田《いしだ》三成《みつなり》は頭がいいのに、なぜか友達を作らないですよね。

中野　どうしてなんでしょうか。

本郷　それを僕は聞きたいんですけど（笑）。コミュ障なんでしょうか。

中野　コミュ障は、医学的な意味での**コミュニケーション障害**とは意味合いがちょっと違って、やや俗な言い方ですよね。重度の人見知りのため「人とまともに話すことができない」人のことですね。

本郷　でも石田三成は、なにも悪いこととしてないんですよね。

中野　**アスペルガー症候群**ということも考えられますね。三成は、兵站を効率的に管理す

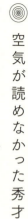

るロジスティクスの能力は並外れていますよね。だから頭はすごくいいし、合理的な人だったと思います。でも頭の悪い人たちに面と向かい、「そちは本当に愚かだな」と言いだしそうなんですよね。

本郷　少しアスペルガー症候群の特徴を教えてください。

中野　アスペルガーの方は、文脈を理解できないんです。**ゲシュタルト知覚**がないっていうのがもっとも大きな特徴なんですけど、「こういう場面ではこういうことを言ってはいけない」がわからないんです。

本郷　まさに石田三成、それだ。「もう少し空気を読めよ」という感じですね。

中野　そう、「そのひと言さえ言わなければ」といったところがあると思うんです。

本郷　だけど不思議ですね。こんなに頭がいいのに、空気を読まなすぎです。三成の先生である秀吉は、空気を読んで、読んで、読みまくって出世したわけですよね。なのに、その一の家来である三成が、「どうしてここまで人を怒らせるのか」がわからない。秀吉が死んだあとに、賤ヶ岳《しずがたけ》七本槍の加藤清正《かとうきよまさ》や福島正則《ふくしままさのり》が「三成を殺してやる」と襲撃するわけですが、何度深読みをしようと思っても、できないんです。三成は、「本当に嫌われていたんだな」と、思うしかないんです。

中野　腑に落ちないのは秀吉との出会いの場面です。三成が秀吉にお茶を持って行った時、三杯とも違う出し方だっていうエピソードがあるじゃないですか。あの話は、どれぐらい信憑性があるんですか。

本郷　信憑性はないでしょうね。

中野　ああ、やっぱり。三成が人に対して気を使うことができたのだったら、こんなことにはなってないはずです。

本郷　そうですね。あと思ったのは、梶原景時《かじわらかげとき》です。源平合戦の時の景時と同じなんです。景時も、非常に優秀な男なんです。源頼朝《みなもとのよりとも》には、すごくかわいがられるんですけど、頼朝が死んだ途端に、「こいつを追放してください」という書類をある御家人が書いたら、「俺も混ぜろ」「俺も混ぜろ」となんと66人も集まるんです。66人もの名前が連なった弾劾状ができちゃった。なので三成と同じです。三成は7人だから、まだ少しはマシかもしれません。

中野　三成に対して反感を持っていた人は、まだいたかもしれないですよ。

本郷　加藤清正が、「三成が嫌いな奴、一緒に仲間になってくれ」と頼んだら、もしかすると66人くらい集まったかもしれないわけですか。

中野　そうですね。陰には10倍はいたかもしれないです。じつは、三成のような人って目上の人の言うことは忠実に守るんですが、「そこは忖度して」ということができません。

本郷　忖度ってそんなに難しいことじゃないですよね。

中野　普通の人からしてみたら難しいわけじゃないんですが、この能力をもって生まれていない人には極めて難しい。

本郷　人は過酷な環境に放り込まれた時に、生き残るためにある程度空気を読む練習をしますよね。景時や三成が過酷な環境にいなかったわけでもないですよね。

中野　環境の過酷さが、どのレイヤーかによります。人間関係が過酷なんだったら、もう一瞬たりとも生き残れないですけど、普通のサバイバルスキル、それこそロジスティクス的なものだったら、むしろ三成のような人のほうが能力は高い可能性があります。

本郷　そういう意味で三成は能力が高く、しかも常に秀吉っていう後ろ盾がありました。

中野　だから困ることはないんですね。秀吉がそばにいる限りは、大丈夫だったんです。

本郷　だからすくすくと空気の読めない大人になったんでしょうね。

中野　三成のようなタイプの人は、自分がそうであることを知って、世間に適応することはできます。ただ、見えていないものは見えていないので、完全に空気を読めるようになることを期待するのは、環境をいくら厳しくしても難しいんです。ひとつひとつ、「人に対して、愚かだとみだりに言ってはいけません。これこれこういう理由だから」と学習させていく以外にないんです。

本郷 生きづらさは感じないんですかね。

中野 感じるでしょうね。自分では理由がわからないのに、他人から悪意を向けられるんですよ。

本郷 「俺、正しいことをやっているのに」ということなんでしょうね。それなのにみんなから、「なんでこんなにひどい目に遭うの」と。

中野 百点満点と思っていたら、みんなから集中砲火を浴びるんです。

本郷 その理由がわからないから、治らないんですね。三成くらい頭がよかったら、「俺が悪いんだ」と思った瞬間、自分の本心を押し隠してでも適応しようとするでしょうね。だけどそれができない。

中野 そう、赤い色が見えない人に、「赤い色を見ろ」と訓練するみたいなものです。だから、「赤い色が見える人は、こういうふうに振る舞う」と教えるしかないんです。ある意味不幸な人ですね。うまく使ってあげればよかったのに。

本郷　そうですね。家康が、「今度は俺が、お前にとっての秀吉様になってやるから、お前頑張れ」と言ったら、よかったんでしょうけど。

中野　ただ、三成がそれに従わなかった可能性もあります。「いや、僕の主人は秀吉様だけ」と、それこそ空気を読まないで。

本郷　それもありますが、家康は、「ここで一発ぶちかまして」「こいつをちょっと踏み台にして天下を取ろうかな」と思った可能性もありますね。

中野　ただ、まあ実際に近くにいたらやっぱり三成は、本当につき合いづらい人だったろうと思います。

乱世に求められる唯我独尊タイプ

本郷　大久保利通《おおくぼとしみち》も、もしかしたら同じだったかもしれません。利通もどちらかというと、唯我独尊タイプですから。頭は抜群。見通しも適格。でも忖度しない。

中野　そうですね。利通も現実を見ないで、原理・原則に固執する教条主義的な感じですね。

本郷　暗殺される時に、「無礼者！」「なんで俺が殺されなきゃいけないんだろう」と思いながら暗殺されたんじゃないでしょうか。悪い人ではないんですけど。

中野　決して悪人じゃないですし、悪だくみを実行できるような世間知もないです。

本郷　だから利通も暗殺された時、「さぞや貯め込んでいるだろう」とみんなが思っていたら、私財は全然なかったといいます。大村益次郎《おおむらますじろう》なんかもそうですね。「お前はバカだ」とか普通に言っていたみたいです。あとは佐久間象山《さくまぞうざん》も同類です。こう考えると幕末は多いですね。

中野　乱世では、こういう突出した才能がある人が出てくる。要するに空気を読まないことを必要とされる時代は、こういう人が出てきやすいんですね。

本郷　外圧などで、ともかく世の中が変わらざるを得ない時は、空気を読まない嫌な奴でも、その才能を買わなきゃいけない。だけど、三成はロジスティクスをさせたら才能が溢れています。

中野　特殊能力といってもいいくらいですよね。

本郷　日本人はロジスティクスが駄目なんです。太平洋戦争の時なんか、一番ひどいです。

中野　本当にそうですね。気合でなんとかなると思っていたのなら。

本郷　気合でなんとかなる。明治37（1904）年に起こった日露戦争の203高地で「武器弾薬が絶対に必要だ」と学んだし、当時は兵站を重視していた。それなのに、いつの間にか日本軍は調子に乗ったんですよね。

中野　日本人って、空気を読む能力にあまりにも重きを置きすぎていて、三成のような人が本当に能力を発揮できないですね。三成は、「それ、殿の子じゃないでしょ」「全然似てないじゃないですか」と平気で言ってしまいそうですから。

本郷　三成は、正義の人といえば正義の人なんですよね。

中野　本当に潔白だったんだと思います。

本郷　まあ、非常に優秀だったけれど、「言っていいことといけないことの区別がつかない」ということになると、一番大人じゃない人ですよね。

中野　そうですね。大人力に欠ける人だったと言ってもいいですね。

本郷　三成といえば、大谷吉継《おおたによしつぐ》ってどれだけいい人だったのですかね。

中野　もう、本当に誠実でやさしいいい人だと思いますよ。私は大好きです。

本郷　吉継は三成にはっきり、「お前じゃ総大将は務まらないから。どれだけ自分が嫌われてるか、よく考えろ」「あのボンクラの毛利を担げ」と言っただけでも、素晴らしいです。

中野　よくわかっていた、何度も言いますが本当にいい人だったと思います。

本郷　でも吉継は、家康とも仲がいいんです。だから家康について行けば、大谷家は10万石とかになり普通に幕末まで残っていたでしょうね。だけど吉継は友達を選んでしまった。

中野　関ヶ原の戦いも、最初は東軍につくはずでした。

本郷　そうです。会津征伐に向かう際、三成の息子を家康に引き合わせて仲を取り持とうとするのですが、逆に三成に説得されて、「一緒に家康をやっつけようぜ」となる。でも何となくですが、吉継みたいな人はどこかで、「家康に一泡吹かせよう」「強い奴にどこまでやれるのか試してみたい」とかが、あったんじゃないでしょうか。吉継の場合はそれに、「俺はもうちょっとで死ぬから」「だからおもしろいことやってやろうぜ」という気持ちもあったのではと思われます。

中野　おもしろいことやって死にたいっていう気持ちは、あったでしょうね。

本郷　だからそういう意味で言えば、吉継は本当に才能豊かな、普通の人なんですよね。

中野　いい男ですよね。

本郷　いい男です。だから三成にもう少し人望があったら——。だっておかしいですよ、合戦を前にして味方の島津義弘《しまづよしひろ》を怒らせるなんて。おかげで義弘は戦いの場で動かない。「ちょっと戦ってくれない？」と頼んだら、「嫌だ」というんですよ。三成は、どれだけ人を怒らせる才能があるんでしょうか。

中野　でも義弘はいい年でしたよね。もう少し大人の対応をしてもよさそうですけど。

本郷　だから、島津は普通の日本人だと思っちゃ駄目なんです。島津は〝スーパーサイヤ人〟なんですよ。島津には言うことを聞かせるのではなく、重んじないとダメなんです。

中野　おもしろいんですよね。鹿児島は地理的にも中央からも遠いですし、じつは海洋国なんです。毛利も少しは海洋国的なところがありますが、どちらかというと農業国ですね。なので、海洋国の島津は、毛利などとは少し適応戦略が違います。

本郷　そうですね。幕末の頃も妙に外交がうまい。ただの戦闘民族ではなくじつは非常に優秀なんです。島津にバカ殿はいません。毛利は暗君ばかりですけど。この前「島津《しまづ》久光《ひさみつ》はどんな人ですか」と聞かれたから、「優秀な人ですよ。間違っても毛利敬親《もうりたかちか》みたいに、『おい、俺はいつ将軍になれるんだ』みたいなことは言わなかったですよ」

と答えました。まあ、敬親はどこまでとぼけてるんだって話ですけどね。

中野 久光は、権謀術数に長けたお由羅《ゆら》の息子ですから、頭が悪いわけないんです。

本郷 本当にそうですね。だから三成がいい例で、普通に考えたらあれだけ頭がいい人なんだから、どうして、「こういうことをしたら嫌われる」ということがわからないのか？嫌われたらどうなるかわかっているはずなのに、「なんでやっちゃうのか」ということは、文献だけだとわからない。しかし、今回の中野先生のお話をうかがってすっきりしました。現代にあることは、戦国時代にも当然あるということですね。

あとがき

1979年というから、今からほぼ40年前の大河ドラマ『草燃える』のワン・シーンを僕はいまだにはっきりとおぼえている。奥州《おうしゅう》平泉攻めのあと、源義経《みなもとのよしつね》が自害した衣川《ころもがわ》の持仏堂《じぶつどう》にひとりで入った石坂浩二さん演じる主人公・源頼朝《よりとも》が、「九郎よお、九郎よお」と義経の名を呼びながら涕泣《ていきゅう》するのだ。誕生したばかりの幕府という武家の政権を守るためには義経は討たねばならない。だが、頼朝は心中ではこの弟をこよなく愛していて、その感情を押し殺して厳しい対応をくり返し、ついに命を奪った、という解釈だったのだ。

たしかに、組織の頂点にある人は、自分の感情のままに動けるわけではない。可愛い部下を切らねばならぬ時はある。反対にすごく嫌なヤツだが、組織に利益をもたらすとなれば、その人を重職に置かねばならぬこともある。頼朝は肉親として弟を愛していたのか。それとも政治的な配慮の足りなさを憎んでいたのか。あるいは抜群の軍事的な才能をもつゆえに、自分の地位を危うくする競争者として恐れていたのか。それを簡便に知る史料(歴史資料のこと)は残されていない。人間の意思や感情は、行動からは容易にうかがい知れない。だから、歴史学は、歴史的人物の内面に軽々に立ち入ってはならない。それは例えば文学という学問体系に任せておくべきだ——。僕は日本史の先達から、そのことを学んだ。

だが、歴史を調べていくと、至るところで、「この人物はどう考えていたのだろう。どんな目的をもっていたのだろう」と考えざるを得ない場面に出くわす。「歴史に英雄は必要ないのだ、名もない一庶民こそが歴史の主人公なのだ」と開き直り、唯物史観的な科学的な分析だけを重んじて、こうした疑問を捨て去ってしまうのが一番簡単な対処法ではある。だが、戦後70年、そうしたことをやってきた結果として、僕は歴史学がすっかり活力を失ってしまったように思っている。

つい先日、唯物史観を重んじる尊敬すべき先輩と話す機会があったが、酒の勢いもあったのだろうが、その方は「今の学生はみんな戦国時代のことしかやらない。でもAが勝とうが、Bが勝とうが、歴史には関係ないじゃないか」と憤慨していた。「大名がなにを意図していたかが確定できぬ上に、戦争ではなにが起こるかわからない。そんな偶然性に左右される事象を追ってみても、それは科学的な分析を記す論文にはならない。独りよがりな『うさんくさい』感想文ができあがるだけだ」と言うのだ。

そうした立場に反論するために、僕は広範に史料を読み、それを整合的に解釈することを方法として定立しようとした。時代も様々、史料の種類も様々、広く目を配ってどこをつつかれても破綻のない解釈をする。一つ一つの解釈を積み重ね、論の運び自体を根拠とする。そうすれば、例えば「『信長は天下を凝視したという一点で、他の戦国大名とは違う』という理解が生まれる」と説いた。

　でもそうしたところ、一般の読者からは、こいつは史料を明示していないと批判された（そんな虫のよい史料がうまい具合に残っているわけがないだろうに）。さらには、古文書も読めない、古記録も読めない、見る人が見れば研究者としてのスキルが未熟なのは明らか、という方々と同列に論じられるという屈辱を味わうことにもなった。いや、これは愚痴か。要するに、「多くの史料を踏まえる」という方法にも欠点があるのだ。

　さて、そこで中野先生の精神分析である。人間を「いきもの」として捉え、実験を踏まえて類型化し、科学的なアプローチを試みる。これは今までに、まったくなかった方法である。よく国語の問題で、「この時の太郎くんの気持ちを30字以内でまとめよ」というものがある。これは「人間という存在は、だいたい同じものであって、感情も自分を基準として推し量れるのだ」という前提に立っている。だが、中野先生に教えていただいたところによると、例えば有能でありながら「忖度がまったくできない」人間が存在するという。

もし太郎くんがそういう種類の人間だったら、彼の気持ちを「平均的な」人を基準に推し量ることは意味がない。これは驚嘆の他はない。

この意味で、今回の対談は、僕にとってはものすごく刺激的な経験だった。いや勿論、中野先生のようにとびきり美しくて、しかも頭脳明晰な方と長時間お話できるということ自体が、刺激的だったのは言うまでもないのだが。まあ、それはさておくとして、なるほどどこういう方法論が「厳然としてある」のだ。この本を入り口として、基礎から学び直してみようかな。新しい歴史解釈の扉が開くかもしれないな。僕は今そう思い、ワクワクしているところである。

2018年3月　本郷和人

中野信子（なかの のぶこ）
昭和50（1975）年生まれ。脳科学者、医学博士。東日本国際大学教授。東京大学工学部卒業後、同大学院医学系研究科医科学専攻修士課程、医学系研究科脳神経医学専攻博士課程修了。フランス国立研究所ニューロスピン（高磁場MRI研究センター）に勤務し、現在に至る。著書に『サイコパス』(文藝春秋)、『シャーデンフロイデ』（幻冬舎）ほか多数。『ワイド! スクランブル』（テレビ朝日）などで、コメンテーターとしても活動している。

本郷和人（ほんごう かずと）
昭和35（1960）年生まれ。東京大学史料編纂所教授。東京大学・同大学院で日本中世史を学ぶ。著書に『真説 戦国武将の素顔』（宝島社）、『中世朝廷訴訟の研究』（東京大学出版会）、『戦国夜話』（新潮社）、『日本史のツボ』（文藝春秋）、『壬申の乱と関ヶ原の戦い――なぜ同じ場所で戦われたのか』（祥伝社）など多数。監修に『戦国家臣団 実力ナンバーワン決定戦』（宝島社）ほか。NHK大河ドラマ『平清盛』の時代考証も担当した。

宝島社新書

戦国武将の精神分析
（せんごくぶしょうのせいしんぶんせき）

2018年 4月23日　第1刷発行
2022年11月21日　第2刷発行

著　者　中野信子／本郷和人
発行人　蓮見清一
発行所　株式会社宝島社
〒102-8388 東京都千代田区一番町25番地
電話：営業　03(3234)4621
　　　編集　03(3239)0928
https://tkj.jp
印刷・製本　中央精版印刷株式会社

ISBN978-4-8002-7817-3